斷輪迴

目次

自序

還沒看過我第一本書《告別娑婆》的人，真該下地獄！開玩笑的，可別當真！說正格的，閱讀《告別娑婆》的確有助於你了解《斷輪迴》，畢竟它是接續《告別娑婆》而成的。這兩本書有何不同？可以這樣說：本書形式較為自由，排列較不按時間先後順序，且常常各式主題並陳。這樣的鋪陳方式，在幫助讀者將書中觀念落實於生活各個層面之際，仍維持住它「切入根本」且「前後一貫」的毫不妥協的宗旨；倘能實地運用，可帶來立即且實際的效果，而終至開悟、了斷輪迴。由於輪迴的結束，代表身體的結束，因此，本書從一開始便不斷強調：真實的你（即你不朽的實相）與這具身體或這個大腦全然無關。

因著人類的進展，觀念不斷推陳出新，兩位上師在本書中有不少論點顯然已被現今的科學（甚或未來的科學）證實為真。因著現代心理學與量子物理學的重大突破，我們已知，即使在有形世界的層次，「分裂」實際上並不可能，它只可能發生在心念或觀念上。舊有思想觀念遭推翻之際，必會引來極大的抗拒。因為，愈是逼近心識的陰暗業根，我們狀似分裂的個體身分便愈感到威脅。這等於判了「小我集體意識」死刑，它可不會輕易退場的。

最近三年，我有幸與上千奇蹟學員及形上學者碰面。深切體認到，世人已準備好接受的教誨遠高於目前大部分教師或法門所能提供的。對於這群願意接受新觀念、並勇於質疑舊信念的人，我深感敬佩。畢竟，耶穌和佛陀這類覺者想傳遞給我們的訊息早已遭宗教組織扭曲。

本書是根據二〇〇三年十二月到二〇〇五年九月我與兩位上師的會談資料而寫成的。全書以三人對話的方式呈現，亦即葛瑞（也就是我），以及化身為人形的高靈上師阿頓與白莎。我個人的敘述文字並沒有特別標示出來，只有當我必須在三人的對話中插入解說時，會加上一個「註」字。

至於讀者相不相信兩位上師的現身，那一點也不重要，也絲毫影響不到本書的訊息所能帶給你的啟發與助益。但我敢跟你保證，若無兩位上師提供靈感，我這個胸無點墨的一介凡夫是不可能再寫出這樣一本書的。不論如何，我讓讀者自己決定這本書的來歷。

我已盡了最大的努力正確傳達兩位上師的訊息，但我畢竟不是完美的，因此本書也不是完美的。如果書中仍有謬誤之處，無須分說，那必定是我的錯誤，而非出自兩位上師。還有一點要補充的是，如同我先前提過的，這本書的鋪陳不全按時間順序，我將一些日後的對話，增補至先前的討論中，有些則安排到後面的章節。

這本書不像你熟悉的典型靈修書籍。我想兩位高靈上師以「人身」顯現於我，當然有意讓對話

「近乎人情」一點兒。我們的討論都是在這樣的氣氛下進行的，就像尋常人在聊天一般。這樣也許正合你意，也許未必。有些人希望把靈修包裝得甜美一點，然而，這世界一點都不甜美，我們得接受引領，跳脫此時空幻相，出離這個我們誤以為活在其內的地方。如今，我愈來愈體會到兩位上師的用心良苦，而我的任務只是活出自己，並擔起我分內的責任。

葛瑞・雷納

活在世界上的那個「你」究竟是誰？靈性既是不朽的，不朽之境必然如如不動。[1]

楔子

一八八〇年代，美國德州住了一個家財萬貫的牧場莊主。他沒什麼心靈修養，倒是很會創造財富，鄰居對他常有為富不仁的感覺。他雖聲稱自己是基督徒，但他的言行舉止實在怎麼看都不像。

有一天，一個餓了好幾天的可憐農夫，偷偷跑進那個有錢人的莊園裡，偷了一隻雞，想讓全家人得到溫飽。不料，被莊園工人逮個正著，抓去給老闆問罪。莊園主人其實可以法外施恩的，但他卻只狠狠地說了句：「吊死他！這教訓會讓他學乖一點！」

幾年後，又有個墨西哥來的男子，誤闖那名有錢人的莊園。他很窮，希望能圖個生計。工人發現了他，把他帶到老闆那兒去。莊園主人打量了一眼這位誤闖莊園的男子，一樣丟了句：「吊死他！這教訓會讓他學乖一點！」

這類事情不知發生過多少次，但那有錢人卻從來不曾設身處地為他人著想過，每回都是怒氣沖沖地審判他們、定他們的罪，最後再送上一句：「吊死他！這教訓會讓他學乖一點！」

然而，有一天夜裡，這有錢人死了，他發現自己一直往天上飄，飄到天堂金碧輝煌的大門前。他希望沒人認出他來，好悄悄地溜進去。但就在他要踏入大門的那一剎那，守門神彼得出現在他面前：「等一下，耶穌有話跟你說。」

這下子，有錢人可著急了。他心知肚明自己生前幹過什麼好事，這回輪到自己要被耶穌審判了。他兩腳不聽使喚地發抖。終於，耶穌出現了，緩緩地走向他，注視著他的雙眼，而後轉身對彼得說：「寬恕他吧！這教訓會讓他學乖一點！」

1 阿頓與白莎回來了！

一位稱職的譯者，即使不得已而改變原文的形式，卻不會改動它的內容。事實上，他之所以改變形式，純是為了保存原文的內涵。[2]

阿頓與白莎離去後的兩年，我的生活整個翻轉了過來，我毫不知情這還只是故事的序幕而已。我狐疑著，那兩位不知打哪兒冒出來，活像血肉之軀的高靈上師是否會再回來。我當初問他們的最後一個問題就是：「將來還有機會看到你們嗎？」阿頓答道：「這要看你與聖靈的決定了，老弟，你不妨問問祂，所有的事情都該如此。」

我的確探問了聖靈，也靜靜地聆聽祂的答覆。我用的方法是當初阿頓和白莎教我的「真實的祈禱」，那實際上是一種冥想形式，旨在與上主結合。做此冥想的附帶利益是：可以得到靈感。也就是透過心靈，接收內在的神聖指引，而知道下一步該怎麼走或該做什麼決定。

在阿頓與白莎離去前，我聽見他們的聲音合而為一，好似聖靈之聲。我不禁想起先前聽到耶穌聲音的經驗（我的兩位老師常稱他為「J兄」）。正當我思索著J兄和一般人聲音的差別時，腦海裡閃過樂團「海灘男孩」（Beach Boys）裡我挺推崇的布萊恩威爾遜（Brian Wilson）。我本身也是個樂師，對音樂界略知一二。威爾遜一耳失聰，因此他從沒能立體聲地聽見自己的作品，只能聽到部分音頻。我聽到J兄聲音的感覺，就像是生平第一次聽到立體聲一般。以往我所聽過的每個聲音總若有所缺，但J兄的聲音卻飽滿、渾圓而完整。假使有一天，威爾遜能親耳聽見自己偉大作品的完整音頻，他一定會像我聽到J兄聲音時那般驚奇。其實我很清楚，那是我自己內在為上主發言的聲音。

阿頓和白莎的聲音合而為一時，聽來就像這樣。這聲音一直與我同在，而且愈來愈清楚，它所給我的指引也從沒令我失望過，其結果雖未必都合我意，但就另一層面來看，不僅對我有益，也惠及所有的人。沒錯，這就是聖靈指引的標幟。祂能見一切，我僅見一隅，祂的指引都能顧全所有人。但這有時會讓我不舒服，因為我要的是對「我」有益的，而且「現在」就要。不過說真的，回想起來，我的點子常行不通，聖靈的主意則屢屢奏效。原因很簡單，聖靈早洞悉每件事的動向，而我可沒這種本事。所以誰的判斷才是最可靠的？已不言可喻了。我早已決定要聆聽聖靈，因而也嚐到不少甜頭。

〔註：這完整一體的聖靈沒有男女之別，它只是個概念，是我們在二元分裂狀態下的一個相對名稱，不屬於合一之境。正確來說，聖靈的代名詞應該用「它」（It），但為了好聽起見，阿頓和白莎稱之為「祂」（He），我也如此沿用。那只是一種象徵而已，不必過於認真看待，倘若有人想稱呼聖靈為「她」（She），當然歡迎之至。不過，「祂」，還是比較精確的稱呼〕

二〇〇一年終，阿頓和白莎離去後，我並沒想過要將這段特殊經歷公開發表演說。我只打算把它出版成書，往後就看它自己的造化。事實上，白莎曾在我們早期的對話中問過我（其實是明知故問，她早對每件事一清二楚）：「你不喜歡在大眾場合說話，對吧？」我答道：「我情願坐針氈、下油鍋。」

不過，二〇〇一年十月（九一一事件後不久）我首次參與在緬因州貝索城（Bethel）舉行的一年一度《奇蹟課程》慶祝大會後，我的立場開始軟化了。九〇年代，我活得像是個遁世者，住在緬因州的鄉下，沒怎麼跟人來往。倒是在阿頓和白莎出現的半年後（一九九三年），我開始參加某個《奇蹟課程》讀書會。那是個頗令人自在的小團體，一晃眼也已參與了十一年，結交了些好友，但仍不肯踏出與人群互動的那一步。

其實，早在一九九三年，我一得知有一年一度在貝索城舉行的《奇蹟課程》慶祝大會時，就決定前往，但搞了半天還是沒去。一九九四到二〇〇〇年，我每年也都打定主意要去，仍皆未果。到了二〇〇一年，第九次承諾自己要去，這回總算付諸行動。幸好我去了，那可是最後一次的慶祝大會。當然，世間沒有巧合這回事。《告別娑婆》一書的即將付梓（只差臨門一腳：阿頓與白莎說年底會來最後一次），以及九一一的事件，點燃我內心一股動力；我並不是個頂積極的人，能來點事情刺激我活絡起來，也是挺不錯的。

我發現與會人士（大多來自新英格蘭及紐約一帶）是我見過最可愛的一群，這讓我有心去認識更多的靈修學員。不過，公開演說仍不在我的選項內。大會中，我遇見《奇蹟課程》教師中最早的學員 Jon Mundy，他那時在臨時書攤販售他的書，我走向前去，跟他提及那兩位高靈上師的出現而我正著手整理成書一事。他是第一個知道此事的人，不過，他的反應並不熱中，也沒有批判。

十二月二十一日，我的高靈上師最後一次造訪；接下來的三個月，我完成了打字、校對和初稿。他們指示過我該怎麼處理此書，但這段訊息我遵照他們的指示沒有收錄在《告別娑婆》中，其餘所有的教誨，我皆如實呈現。他們的指示和我原先的計畫有很大的出入，我原本想找家紐約大出版商出版此書，半年內賣它個一百萬本，就搬到夏威夷快活去。可我那兩位上師才不讓我詭計得逞，而給了我另一方案。我那時一派天真，渾然不覺在後頭等著我的出版界的現實，以及「奇蹟圈」裡門派的歧異（雖然，大多都很可愛）。

在那兩位訪客的指引下，我得到的第一個驚喜是：竟能出乎意料地順利取得「奇蹟課程基金會」的同意，讓我在書中摘引上百句《奇蹟課程》的章句。這其實並不容易，我常有耳聞，不少人為了取得同意而等上一年，卻仍鎩羽而歸呢！

我去了紐約羅斯哥（Roscoe）幾次，參加肯尼斯・霍布尼克（Kenneth Wapnick，簡稱肯恩）的工作坊，他是筆錄《奇蹟課程》的海倫・舒曼（Helen Schucman）的朋友，現在是《奇蹟課程》的首席講師，擁有此課程的版權。上師指示過我去找肯恩，於是我帶著敬意與配合的心態，在他課程空檔時與他商量。他人很好，且風趣十足。接著，在二〇〇二年的四月，我把初稿寄給肯恩，讓他看看內容，以決定是否同意我摘引《奇蹟課程》的章句。才不過一個月，我就接到基金會的同意信函，允許我引用所有的章句。

〔註：不久後，一位對《奇蹟課程》毫無興趣的法官，竟用此書出版前的流傳為藉口，判定基金會喪失課程版權〕

在兩位訪客指引下，我得到的第二個驚喜是：又出乎意料地順利出版該書。我不過是個名不見經傳的作者，寫了一則關於兩個「人」出現在我家客廳的怪異故事，也搞不清楚狀況，以為會有「主流」出版社青睞。聖靈要我試試派屈克・米勒（Patrick Miller），他是加州柏克萊一家自營出版商，從未替任何人出版過書，只出版自己的作品。讀了我的初稿後，他認為裡面大有來頭，決定破例幫我出版。十月，我們達成協議，於二〇〇三年五月一日正式出版上市。早於三月時，已有前一百名線上客戶在閱讀該書了，這第一批讀者，是看了派屈克刊在網路上的摘錄後而購買此書的。

在這同時，出版界出了三本醞釀多年的書：一是 Elaine Pagels 的《超越信仰：不為人知的多瑪斯福音》，一是 Dan Brown 的《達文西密碼》，再來就是《告別娑婆》了。令我大感驚訝的是，原來某些思想早已在潛意識裡醞釀多時、蓄勢待發，時機一旦成熟，就紛紛出籠，浮上意識層面。這三本書的許多主題都極其相似，但《告別娑婆》最大的不同，在於它含括了《奇蹟課程》的教誨（這是其它兩本所沒有的），同時也釐清這部課程的某些觀念。這對操練《奇蹟課程》的老學員，以及透過《告別娑婆》而接觸到這部課程的新學員，都有莫大的助益，儘管大部分的新學員未必體會得出閱讀《告別娑婆》為他們省下了多少摸索《奇蹟課程》的時間。

我記得在《告別娑婆》出版後不到一年，有一位 Association for Research and Enlightenment（在維吉尼亞海岸的 Edgar Cayce 團體）的教師 Doug Hough 跟他的學生提到，閱讀《告別娑婆》可省下二十年摸索《奇蹟課程》的時間。此言不虛，而這也提醒了我，《告別娑婆》能有這樣的成效，絕非我「人」力可及。有了這點認知，可以讓我免於妄自尊大。畢竟，這本書的絕大部分不來自於我，我當然就沒有理由擁書自重了。

二〇〇三年十月我一找到出版商，就寄了封電子郵件給 Jon Mundy，進一步告訴他有關該書的點滴。他沒有回應，令我頗為光火，不過，沒多久我就寬恕了。雖然有時我的寬恕會慢上幾拍，但終究還是化解得了。我想，大概就是這種鍥而不捨的精神，使我得以在日後種種挑戰來臨之際，仍能持續操練《奇蹟課程》吧。

《告別娑婆》於二〇〇三年春天出版後，我接到一通電話，是 Jon Mundy 打來的。他說讀了該書的第一個反應是「哇！」電話中提及他要到緬因州波特蘭的合一教會（Unity Church）開工作坊，邀我一同前往。他會跟大家介紹我這號人物以及該書，但我可以不用說話。我去了，Jon 介紹到我時，我慌忙起身，害羞地丟了聲「嗨」，就又慌忙坐下。這就是我「演講」的處女秀。

會後，Jon 與我共進晚餐時，問道：「你可願親自出面，跟大家談談該書的來龍去脈？」我既不想，也不認為自己辦得到。Jon 又接著說：「那也無妨。只是，你若不願說，世人便無從得知你這段經歷的真實性，搞不好還有人懷疑你杜撰了某些內容。」他的這番話果真動搖了我。聊著聊著，Jon 突然邀我入秋去紐約，在他主辦的一個工作坊中露露面。我不知吃錯什麼藥，竟答應了他。當晚我一離開，就急著找金蟬脫殼之計。

我仍舊沒有作公開演說的打算，也不想勉強自己去做。我想告訴 Jon 我不去曼哈頓了，卻也遲遲未與他連絡。後來，我決定先處理自己這個拖拖拉拉的心態，但也得等我真的想處理的時候。

接著，那年夏天，我接到一名女子 Vicki Poppe 從麻薩諸塞州打來的電話。她要與一群朋友到波特蘭沿岸的 Peaks 開個共禱會（prayer circle），想邀我一同前往。這挺讓我心動的，緬因的夏天很美，而且我也想試試搭渡船出遊的感覺。Vicki 帶了十位朋友同行。當我們一夥人在島上時，她突然問道：「葛瑞，要不要跟我們說說你與阿頓、白莎間的經歷？」我請聖靈協助，在暖烘烘的太陽下，我顯得分外輕鬆，於是我開始分享兩位上師到訪的情景。後來，在回渡船的路上，Vicki 走到我身旁，說：「葛瑞，你剛剛跟十個人說了你的經歷，對吧？倘若你可以跟十個人講，你就可以跟一百個人講，這又有什麼不同，反正都是幻嘛！」

Vicki 知道我十一月可能會去紐約，說道：「也許，你可以先來我家開個工作坊試試。若發現不喜歡，你以後就別做了。但總得試一次吧！」我妥協了，接受了她的意見，心裡在想：到底會來多少人啊？

Vicki 在麻薩諸塞州 Quincy 的 Adams 街有棟房子，就在 John Quincy Adams〔譯註：美國第六任總統〕故宅的對面。那天是九月的第一個週末，《告別娑婆》雖在熱賣，但會來那麼多人仍是我始料未及的。而這些人的率直、可愛與熱忱更是令我感動莫名。我忖度著：「倘若未來就像現在這樣，那我有什麼好怕的？即使我講得糟透了，他們也仍會寬恕我的，不是嗎？」

我的工作坊處女秀十分成功。雖然我一開始緊張得蹦出「下次再也不幹這種事了！」這句話來，但二十分鐘後，奇妙的事發生了。我請在場學員一起作上師教我的「真實的祈禱」，冥想自己與上主結合。冥想後，我覺得自己好似與某個更高之物連結上，之後的課，就好像不是我在帶領的了，我好似看著自己讓聖靈透過我來傳達訊息。心想：我早讓聖靈接手不更好？下回演說時，我依樣畫葫蘆。兩個月後，我到紐約進行第四次公開演說時，已比先前自在多了，我原先還認為紐約之行最難應付呢。

《告別娑婆》勢不可當，每個月都刷新銷售記錄。銷售量雖未到驚人的地步，但已夠引人側目了，於是演說邀請紛至沓來。我不確定自己願不願意過這樣的日子，我是該再講幾個場次就好，還是得認真看待此事，甚至為此展開長途旅行？我沒搭過飛機，只開過長途車到紐約一回以及新英格蘭的幾個地方。如今，我來到人生的十字路口了。

二〇〇三年十二月二十日我又到了 Vicki Poppe 的家，不過這回是來過聖誕節的。我與結縭二十一年的內人凱倫一起去。我們整晚待在那兒。隔天十二月二十一日準備開車回緬因州，出發前，我跟 Vicki 說：「我覺得好像有什麼事要發生了」，她說：「我也有同感，而且，我大概知道會是什麼事。」我們彼此心照不宣。

當天夜裡，我獨自坐在阿頓和白莎最後三次到訪的 Auburn 的客廳裡；原先我是住在 Poland Spring，也就是他們十一年前的今天首次出現的地方。突然間，我覺得房內另有他人。我往左邊的沙發看去（因為沙發和我坐的椅子都是面對電視機方向），定睛一瞧，見到我那兩位老友就坐在那張每回到訪所坐的沙發上，我欣喜若狂地大叫「阿頓和白莎！」就飛奔過去擁抱他們兩位。事後我才發現，這可是我第一次碰觸阿頓（那位男的），而先前只碰過白莎（那位女的）一次。

他們還是老樣子，我美麗的白莎和那位可愛的老兄。耐人尋味的是：我實際上並沒看到他們是怎麼冒出來的，就跟他們十一年前首次造訪時一樣。我坐了下來，仍止不住心中的雀躍。同樣的，白莎又先開口說話了。

白莎：嗨，親愛的弟兄。近來好嗎？上回一別後，可有何新鮮事？開玩笑的，你知道，我們向來都很清楚你的一舉一動。

阿頓：沒錯，包括你最近在讀的關於某個德國佬殺了人後，還把屍體吃掉的新聞報導。那事件還挺轟動的。目前以食人罪起訴，也快被判刑了。

葛瑞：當然要判刑啦，天下哪有白吃的「午餐」。

白莎：很高興你耍聰明的毛病還沒治好，等我們跟你混完以後，你很需要這本領的。

葛瑞：哦？你們有何打算？

阿頓：時候到了，你自然知道。

葛瑞：等等！讓我先按下錄音機。我開心極了，簡直不敢相信又見到你們。其實我早有預感你們會在周年日回來。

〔註：十二月二十一日是天主教慶祝耶穌門徒聖多瑪斯（St. Thomas）的節日；白莎曾經表明過，兩千年前那一世她是男兒身多瑪斯，阿頓則是那個時候的聖達太（St. Thaddaeus）〕

白莎：是啊，那麼就言歸正傳吧。我們回來可說是要輕輕敲醒世人的腦袋，不過，對某些人來說可能比較像是當頭棒喝。我們這麼做，是要幫助世人不偏離正道，教大家如何運用更高層次的寬恕（或稱量子式的寬恕，日後會深入探討），最快地體驗到你不朽的實相。我們來此是指點你如何「一勞永逸斷輪迴」。

葛瑞：就這樣嗎？我還以為可以學到衡量意識的技術呢。

阿頓：別開玩笑了。不過，你提的事，也是我們來此的理由之一。雖小道，必有可觀之處，人們總是很容易被這些可觀的小道吸引，而偏離了正軌，故意避開使我們陷於輪迴的關鍵問題。

白莎：關於這個，我們日後會再深入探討。一開始，我想先點出另一個問題：大部分的靈修學員幾乎把所有的精力投注在「搜集資訊」，以為往腦子塞進愈多的靈修知識，悟性就可以愈高。於是一個法門換過一個法門，也猛啃一堆靈修書籍。在《告別娑婆》中，我們稱此為「吃到飽的心靈自助餐廳」（spiritual buffet line）。

汲取知識本身並沒有任何問題，它的確能幫人紮根打底，問題是出在人們過於崇拜知識。那只會讓你白忙一場、空手而歸；它能讓你嚐到甜頭，也可讓你吃盡苦頭。關鍵並不在你懂了些什麼，而在於怎麼去應用這些你懂得的訊息。因此，真正能加快你心靈成長的是「應用」這個階段。

一般而言，精進的靈修學員與教師必須隨時隨地都能將所學的一切實際應用到每個來到他面前的人、事或境遇上。我是指一切事情，其中毫無神秘可言。不論生活中發生何事，都是聖靈給我們的功課，要我們實際應用所學。而聖靈賜予我們最佳的救恩利器就是寬恕。這當然指的不是傳統的寬恕，不是老一輩人說的那種「美德」，它是一種全新的戲碼、截然不同的模式。

唯有透過訓練，不斷地操練及應用，學員才能進入「體驗」的凱旋階段。親愛的弟兄，我向你保證，「體驗」是唯一能讓你幸福的事。文字啦、神學啦、哲學啦，想都別想。《奇蹟課程》是J兄（我們用耶穌雅 Y'shua的英文代號）代上主發言所成之書，書中便提到：「語言只是象徵的象徵。因此，它離真相有雙重之隔。」3 試問，一個象徵物的象徵物能使你幸福嗎？絕不可能。唯一能讓你幸福的是對真我的體驗。能真正滿足你的，絕不會是實相的象徵物，而是實相的經驗。

在《奇蹟課程》裡，J兄針對種種困擾人心的難題，說過一段發人省思的話：這是無法作答的，只能靠體驗。把你的精力放在體驗上吧！不要再被神學思考耽誤了。4

要有這種經驗，得先讓聖靈訓練你的心，使你能如祂一般思考與看待他人。但這需要像佛教或《奇蹟課程》此類循序漸進的系統，才能加快你成就的腳步。若讓心靈跟著原有的模式走，永不得治癒。如同J兄在《奇蹟課程》中說的：「沒有經過鍛鍊的心靈是無法成就任何事情的。」5這句話真是切中人們的要害，因為它等於說：世上有百分之九十九點九的人其實都在做著無謂的事。除非心靈經過訓練，否則都只是在原地打轉而已。

葛瑞：是啊，關於這點，我也愈來愈能體會〈練習手冊〉的重要性，我也領悟到，無論發生什麼事，目的全都一樣，要我們學習寬恕。我並不是說我每回都能當下就寬恕，其實我還辦不到，不過最後總還是化解得了。早一點寬恕，就少受點苦。就拿公開演說來講吧，我以前從沒想過自己辦得到。我一開始真的很緊張，但讓聖靈進來幫我後，才發現自己原來不是為了當初所認定的理由而緊張。就像《奇蹟課程》說的：「**我絕不是為了我所認定的理由而煩惱。**」6

阿頓：沒錯，你真不是省油的燈。每個人多少都會害怕世上某些事物，他們可能很難相信（因它是深植於潛意識中），不論何種恐懼都能追究到潛意識裡對上主的恐懼，那份恐懼起因於我們潛意識中相信自己與上主分裂所產生的罪咎。

葛瑞：等等，我們該不會要再出另一本書吧？若真如此，可能有人會聽不懂你方才那番話。

阿頓：嗯，要不然你來幫大家稍作複習，如何？你約略做個說明，這樣，不論是初學者或是老學員都會清楚我們在講什麼。你辦得到的。到目前為止，你的演講與《告別娑婆》一書不都進行得很順利嗎？

葛瑞：是沒錯，一切都在掌控中。犯了不少錯誤，但都歸咎到別人身上去了。開玩笑的啦。不過，說到演講，我不知該不該繼續下去。我是說我只是做了我想做的事，每到一處（包括曼哈頓）就說出我的經歷，並告訴他們書就是這樣來的。他們可以選擇信或不信，若不信，至少我已盡到告知的責任。

白莎：恐怕你的寬恕功課才剛要開始哩。要是我告訴你，自二月底開始，你一年會飛個十萬多哩，到處去講課呢？

葛瑞：你嚇唬我的吧？

阿頓：這是最好的安排，老弟。看看外頭，能正確傳遞奇蹟訊息的講師，屈指可數。但可別以為這是你真正的任務。在你巡迴演說當中，我們要你做你「真正」的工作——那就是寬恕。當然不是傳統的那種，而是新式的寬恕。

白莎：你願不願意徹頭徹尾地改變你的生活模式，學習看出，無論外面發生什麼事情，實際上都只是要你相信自己是具身體罷了，看穿了這個把戲後，可以寬恕嗎？

葛瑞：哎喲，好可怕。

阿頓：別哀號了，我們知道怎樣對你最好。收拾好細軟吧，老弟，這趟旅程可不短哩。對了，再回到我們方才提到的複習吧！

葛瑞：可是，對於已經懂的人不就重複了嗎？

白莎：別忘了我們以前跟你說過的，重複不僅無礙，還很必要。一般人沒辦法一口氣塞進太多正見，它需要時間消化，再慢慢打入潛意識中。我們方才不也提過，開悟與否，並非取決於靈性知識的多寡，這是千真萬確的。不過話說回來，若有像《奇蹟課程》這類形上學做基礎，會加強我們應用所學的「決心」，這是在應用階段中最重要的一環。即使你了解真理，但能在狀況發生時憶起它來，仍非易事。假使你能習慣性地在任何困境中憶起真理來，那就表示它已成了你的第二天性，為你所用了。那一刻來臨時，你就是以「光速」邁向我們所說的「體驗階段」。《奇蹟課程》說過：「本課程的目標就是指向這一經驗。」7

葛瑞：好吧。不過，複習之前，我可不可以先說個笑話？我喜歡在工作坊中說笑暖場。

阿頓：你上個月才去了曼哈頓。說說你愛說的那個紐約笑話。

葛瑞：沒問題。有個佛教徒在中央公園裡，往一個熱狗攤走去，然後跟小販說：「請給我一份加上所有配料的熱狗。」於是小販給了這位佛教徒一份熱狗，佛教徒付了錢後，要小販找零，但小販卻跟他打禪機：「零錢來自你內。」（譯註：「零錢」與「轉變」的英文（change）同字，亦即「轉變」來自你內）

白莎：是啊，你那個笑話博得了不少笑聲。我們挺喜歡你演說時的風趣。要記得多笑笑，這點很重要。要切記J兄在〈正文〉說的：

在「一切是一」的永恆境內，悄然潛入了一個小小的瘋狂念頭，而上主之子竟然忘了對它一笑置之。[8]

葛瑞：那個小小的瘋狂一念當然指的就是我們自以為可以獨立於上主之外而擁有個體身分的想法。好了，我們開始複習吧。《奇蹟課程》是一部「三合一」的靈修書籍，裡頭實際上包括了三部書：〈正文〉是整部課程的中心思想所在；〈學員練習手冊〉旨在將這部課程的觀念具體運用於日常生活中，共三百六十五課，以一年為期，但實際操練起來多半會超過一年；〈教師指南〉則是全書精神的一個綱要。這部課程是來自於J兄，由紐約一名實驗心理學家海倫・舒曼筆錄J兄說的話，再把記下的內容唸給她的同事比爾・賽佛（Bill Thetford）聽，比爾邊聽邊打字成稿。整個過程歷經了七年的光景。

對了，隨著你們兩位的出現，且告訴我不同於傳統認知中的兩千年前的J兄（他原名為耶穌雅，一名從未想過要組織宗教團體的猶太教經師），我開始浮現出一些記憶。我發現，每回你們提到我的前世，隨後幾個禮拜或幾個月我就會浮現更多有關那幾世的記憶。比方說，你們告訴我，一千年前我曾是一位美洲印第安覺者（世人稱他為「偉大的太陽」）的學生和朋友，接著，我便浮現出我那一世在Cahokia那個地方身為一個印第安人的感受、記憶和影像。〔註：Cahokia位於Collinsville，在伊利諾境內，是史前墨西哥以北、美洲原住民最具代表性的地方〕我甚至還記得Cahokia的重音應讀在第三音節，而不在第二音節的白人式讀法。

阿頓：沒錯，我們當初是以現代人的讀法說出此字，因為我們跟你說話時用的是英文，而你唸出此字時用的卻是一千年前印第安人的讀法。

葛瑞：而且，當你告訴我，兩千年前我曾跟隨過J兄，這也引發我有關那一世更多的記憶。

白莎：當你知道你就是以前的聖多瑪斯，而我就是你時，你有何感受？

葛瑞：你明知故問嘛，你根本是萬事通。我還是好難想像「你」竟然出現在「我」面前。話說回來，當我知道自己是J兄那個時候的多瑪斯時，那感覺真棒。但幾天後，看到自己每天過得跟張三李四也沒兩樣，得面對一堆狗屁倒灶的事，我才發現，不管你哪一世是什麼天皇老子，此刻都得修這門寬恕功課。不論面對什麼問題，都得選擇寬恕。

白莎：說得真好，我親愛的弟兄。每個人都曾經在某幾世中喧赫一時；但也在某幾世中惡名昭彰，是社會的敗類。二元世界正是如此。要緊的是當下的寬恕功課，那是唯一的出路。但絕非傳統的寬恕。針對這點，你能為大家稍作解釋嗎？

葛瑞：我盡力。首先，身為猶太教經師與神祕學者的J兄，熟知古老猶太教的思想中對天堂與地獄的認知：天堂與上主近若比鄰，而地獄離上主遠若天涯。但我們J兄可不接受這種說法，他認為：天堂不只是接近上主，它與上主根本就是一體的，事實上，它與上主是「絕對的一體」。而地獄不僅是遠離上主而已，凡與上主分裂之物皆屬地獄。因此，究其根本，那不過是兩個截然不同的選擇罷了，且只有其中一者為真。絕對一體不可能有對應物，否則它就不會是「絕對的」。

J兄認為，上主是恆常不變、完美無缺，且永恆不朽的。上主就是靈，因祂不可能造出與祂不同之物，否則受造物就不完美了。試想，若上主真能造出不完美之物，那祂自身就不可能是完美的，不是嗎？由此可知，靈性是無需進化的，否則它就不是完美的了。

當然，上主是沒有男女之別的，因此我使用跟《奇蹟課程》一樣的聖經用字——「祂」來稱呼，雖然這稱呼兩邊都不討好。打一開始，我們就已看到J兄的某些特色：第一，他毫不妥協；第二，無論事情的表相多麼複雜，只有兩個選擇，且只有其中一者為真，另一者為幻。雖然「幻」這個觀念早在J兄前的印度教與佛教中曾教導過，但J兄把「真」這個觀念提昇到完美無缺的神之境界，祂是愛的本體，而非世俗認定仍有衝突與缺憾的上主。

其次，我們得記住：J兄來自中東，因此，他的思想當然傾向東方傳統，對佛教教義必不生疏，熟悉佛教的「我執」概念，他也證悟出小我實際上只有一個，只是表相看似許多個，這也就是印度教所言的三千大千世界裡的「眾生」及佛教所言的「無常」。換句話說，其實只有一個人以為自己活在此處，那個人就是我，沒有其他人。外頭根本沒有人，只是「看來」好像有人，那不過是心識玩的把戲。心靈的意識著眼於外，而看到種種分裂，看到不同的肉體與形態等這一切假相；但心靈的潛意識（心識的絕大部分都是潛藏起來的，有如冰山一角下的整座冰山）卻清楚得很，實際上只有一個人。

表相上的時間、空間及一切差異，皆為虛妄。世上萬物全都相互連結，原因即在於幻相只有一個，如同上主只有一個。但上主與幻相間毫無瓜葛，是人們「假想」二者有關，而依自己的形相、依人類對自己的認知，造出一個上主來。其實，上主依祂的形相把我們創造得猶如祂自身一般完美、純潔無罪，且與上主是一體不分的。假相中的一體只是個贗品，因小我老想佯裝上主。

現今的量子物理學已證實了時間與空間僅為幻覺，而過去、現在和未來實際上皆同時發生，非時空性的生命做了一個時空性的夢罷了。看起來，你在這兒，我在那兒，實際上也只是個幌子，因空間不過是一個分裂的觀念，時間亦然。接著，我們又把時間與空間切割成好幾塊，營造出不同時段、不同地點的感覺，萬事萬物好似有了不同面貌，實際卻都是同一回事，因這一切全是假相，皆肇因於分裂的一念。物理學家還看不到這點，他們雖知道人們對事物的經驗皆虛幻不實，經不起我們仔細地查看，但他們對世界缺乏一個整體畫面，只能看到零星的真相。科學研究與心靈探索至今尚未完全謀合，但也快碰頭了。

比方說，他們知道當我們看著一顆兩百億光年之外的星星時，這一瞬間我們改變了它的原子排列。聽來挺不可思議的，對吧？其實，這是因為那顆星星並非真的存在兩百億光年之外的地方，而是在我們的心識裡。是我們營造出這個影像。也就是說，是我們心靈投射出的影像，它來自於我，而非一般人以為的「衝著我」來的。甚至在我們看到或觸摸到它之前，它還不成物質哩，它只是一團能量，說得更精確一點，它根本就是思想念力，這也正是「能量不滅」的原因。物質不過是另一種形式的能量，它會還原為能量，循環不已。

白莎：那麼，你再說說看，兩千年前的J兄又是怎麼發揮佛教和猶太教神祕學理，與今日物理學者的發現不謀而合呢？

葛瑞：他還領悟出某些在現今人類思想（包括心理學）如此開發的時代仍無法理解的事：倘若這世界真的只有一個人，而我們潛意識裡也心知肚明，那麼，當我們到處去批判與責難他人時，不等於在告訴自己的潛意識自己欠批欠罵嗎？我們怎樣看待他人，實際上是在告訴自己，我們就是那樣的人。因此J兄下了一個決定：「倘若這世界真的只有一人，而潛意識也清楚得很，那麼我終其一生都要試著依此實相看待每一個人，看出他們是完美的靈性，而非一具身體，身體不過是分裂念頭產生的幻相。」他願意視每個人為純潔無罪的基督，願意看出他們永恆不朽、百害不侵，且世界無法傷他分毫。

覺醒的關鍵就是這個鮮為人知，但J兄卻早已了然於心的祕密：你覺得自己是怎樣的人，並非取決於他人如何看待你；你是怎樣的人，實際上是取決於「你」是如何看待「他人」

> ※覺醒的關鍵就是：你覺得自己是怎樣的人，並非取決於他人如何看待你；你是怎樣的人，實際上是取決於「你」是如何看待「他人」的。

的。說到究竟，你的身分正是取決於此。你會視自己為一具可朽的肉體或是完美的靈性，是分裂的個體還是圓滿的一體，全都取決於你看待他人的眼光。你一旦了解了這點，我相信你每回在品頭論足他人時，就會謹言慎行了。

白莎：雖然你尊我們為師，你當然知道誰才是真正的老師，請再說下去。

葛瑞：還要說下去？你要我一個人唱獨角戲啊！

白莎：我們會有很多話要說的，待會兒也會加入我們的意見的。

葛瑞：最好是這樣。對了，我一直在想一件事，在前一本書中我們談話時，涉及到不少私人的事，我本人不介意談我個人的寬恕課程，但被我提及的某些人並不太高興我把自己描寫成寬恕他們的角色。每個故事都有兩面，二元世界不正是如此？可是，我能做的，不就是陳述自己的經驗嗎？針對這個觸及他人隱私的部分，你有何建議？

白莎：別操心，葛瑞。基於你現在的人生走向，我們日後談論的會較偏重於你職業上的寬恕功課，而少提私人。一切都有最好的安排，相信我們吧。你可願再繼續跟我們複習下去？

葛瑞：好啦，別怪我信口雌黃了。不過，說真的，你變漂亮了。容我問件你與我之間的私事。如果我和我的來世「做那檔子事」，算不算亂倫？

白莎：不算，但很怪異。請繼續複習。

葛瑞：我懂你的意思。那麼我要繼續了。J兄每寬恕一次，實際上就是與自己再次地結合。

阿頓：你可以領會出這背後更深層的意義嗎？

葛瑞：可以。J兄實際上是在經驗一段從「分裂」走向「一體」的旅程。其實，「神聖」（holy）這字就是源自「一體」（whole）的字根。如同他在〈多瑪斯福音〉裡說的：

我是來自那完整無缺的一位，我是來自天父之境。因此我說，一個人若是完整無缺的，必然充滿了光明，一個人若是分裂的，他必然充滿了黑暗。

也就是說，你不能腳踏兩條船，你不可能只擁有一點點的「一體性」。你的忠誠不能三心兩意，否則你就是分裂的。不論事情的表相看來有多複雜，都不過是在兩個選項中二選一而已。一是完美的一體，亦可稱為神聖之境，也就是舊式禱文裡說的「上帝，我的主，是唯一無二的」；另一則是所有非完美一體之物，也就是分裂之境。沒有妥協的餘地。因此，J兄全然寬恕了世界，他的愛和寬恕是全面且涵容一切。他很清楚，局部地寬恕世界，自己便僅能得到局部的寬恕，那麼自己便仍是分裂的。要能全然地寬恕世界，自己才能得到全然的寬恕。

因此，J兄和聖靈最重要的教導就是寬恕，但這寬恕是「量子式」的寬恕，而非傳統的牛頓主客二元式的那種。傳統式的寬恕等於在說：「好吧，我寬恕你，因為我比你好。不過，你確實傷害了我，你真的有罪，我願意寬宏大量放你一馬，但你還是得下地獄去。」這樣只會鞏固我們潛意識中原有的荒誕分裂信念。這不是真寬恕。反之，J兄看到了深藏在人類潛意識中以為與上主分裂所產生的罪咎，他找到另一種寬恕，不只快速化解了罪咎，同時還能連帶著化解小我。

阿頓：針對這個罪咎，我們以後還會深入，我們不妨先談談那個開天闢地的烏龍故事，好讓大家了解那個罪咎是怎麼產生的。你總不可能一邊忙著了斷生死、結束這場輪迴鬧劇，一邊又讓潛意識緊抓著那個罪咎不放吧？

葛瑞：沒問題。不過，請先幫我一個忙。能不能幫我解說一下「人生不過是一場大夢」這一回事？好幾次公開演說中，不少人提出這方面的問題。我還是不敢相信你們竟然又回來這兒了！

白莎：沒有人在這兒，葛瑞，你明明知道的。好吧，我們就來談談這個人生大夢吧。假設你是為人父母者，你四歲大的女兒正在睡覺，作了一個夢。你探了她一下，見她翻來覆去睡得不安穩，便猜出她在夢裡挺不好受的。對她而言，此刻的夢裡就是她的現實生活。她隨著夢裡的人物起舞，好似真的一般。而你，卻「看不到」這個夢。為什麼看不到？因為它實際上並不存在，而你那四歲小孩也沒真的離開她的床。她依然安居家中，只是在夢裡看不到，也意識不到家了，夢裡的一切反成了她的現實生活。

你想喚醒她，好讓她別再害怕。你打算怎麼做？用力把她搖醒嗎？不行，那只會讓她更害怕而已。你只能輕柔地喚醒她。你不妨這樣在她耳邊輕聲細語：「寶貝，這不過是個夢，你不必耽心。你所見的一切都不是真的。你所經歷到的困難、耽憂、恐懼與痛苦，都不過是場鬧劇。你不需要它們，它們只發生在夢裡，從未真正存在過。它們不過是你先前那個傻念頭所作出的夢而已。此刻若能聽見我的聲音，就表示你快甦醒了。」

這麼做，是因為夢裡也可能聽見真理的。記住這點，真理雖不在夢中，但在夢中可聽得見。聽見你的話後，你的小孩慢慢放輕鬆了，緩緩恢復了意識，她的夢境也變得愉悅多了。等她完全清醒時，才恍然大悟自己原來從沒離開過那張床，一直安然在家。家一直都在，只是睡夢中意識不到而已。一旦她意識回復，清醒了，她才了知事實真相：這一直安居家中的她，才是她的真實生命。在她作夢時，你很清楚她好好的在家，自然沒必要知道她的夢境甚或隨之起舞。那麼，你說說看，她從夢中醒來後，那個夢到哪兒去了？

葛瑞：哪兒都沒去，就只是消失了蹤跡，因它從未真正存在過啊！它也許看來很真，也的確讓人感覺很真，但它實際上從沒發生過。晚上睡夢裡所見到的影像都只是投射，我們心識的某部分看到這些影像，而這些影像實際上是由心識的另一部分投射出去的，不過這部分往往深藏不露。

白莎：非常好。如你所說的，這只是個戲法。好了，好玩的來了：這個小孩從夢中醒來後，不過又是另一場夢。你今兒個一早從床上醒來後，也是另一個形式的夢，只是層次上的不同，仍非屬於純靈的實相境界。事實上，這個夢之所以會感覺起來比晚上的夢更令人信服，為的就是要讓你相信它是真的。只為了取信於你，實際上它仍是虛妄的。你認為在外頭的那群人其實也不在那兒。但這個夢對你而言已儼然成了你的真實生命，你的實相反而意識不到了。如同《奇蹟課程》所言：

你一生的光陰都耗在夢中。睡時的夢也好，醒時的夢也罷，不同的只是形式而已，內涵則毫無差別。9

聖靈此刻也在你這個夢中對你耳邊細語著，就如同你對那個睡夢中的小孩所說的一般：「寶貝，這不過是個夢，你不必耽心。你所見的一切都不是真的。你所經歷到的困難、耽憂、恐懼與痛苦，都不過是場鬧劇。你不需要它們，它們只發生在夢裡，從未真正存在過。它們不過是你先前那個傻念頭所作出的夢而已。此刻若能聽見我的聲音，就表示你快甦醒了，因為夢中聽得見真理。」

真理不在夢中，但夢中聽得見真理。聖靈會由各種不同的管道傳遞真理給你，當你聽到這一真理時，你會慢慢放鬆。你會經歷一段「破繭」的過程，也就是寬恕的過程，輕輕緩緩地覺醒過來。就像毛毛蟲必須破繭而出，以迎接更高等、更自由的生活，而你則是藉由改變自己對這世界的看法，以迎接更高形式的生活。透過這樣的過程，你的夢會變得美好。但那美好不是基於夢境的轉變，而是源自一股內在的平安，使得你能安然面對夢裡好似發生的一切。最後，你覺醒時，便會發現自己其實從未離開過家，從未離開過你與上主的完美合一之境。實際上你一直都在家中。家一直都在，只是睡夢中意識不到而已。

這就是J兄在〈多瑪斯福音〉裡說的：「天父的國已經遍佈大地，人們卻視而不見罷了。」待你清醒過來，覺醒於天國這個實相中，你便恍然大悟自己一直都是安居家中的。

葛瑞：但是，若你說的都是真的，那不就表示上主根本就不知道我在這裡囉？

阿頓：你怎麼還沒抓到重點啊？重點是，你根本「不在」這兒，而上主很清楚你「真正」在哪兒。上主聰明得很，祂不跳進你的夢裡，因那樣反會使你將這虛幻的夢當真，祂要你醒過來與祂同在。你遲早會醒的，上主也很清楚你一直安居天鄉，自然沒必要去了解你的夢境，甚至回應你的夢。

這就是《奇蹟課程》所說的：「**你正安居於上主的家園，只是在作一個放逐之夢而已；你隨時可以覺醒於真相的。**」10 葛瑞，你說說看，由夢中醒來後，夢裡的時間和空間到哪兒去了？

葛瑞：哪兒都沒去，跟夢一樣消失了蹤跡，就好像是消失了的海市蜃樓或是被解開了的魔咒。那時，實相就是你的真實生命了。

阿頓：沒錯。你一由時間和空間這個幻夢中醒悟過來，時空就不復存在了。也就是說你不必在此耗個一百萬年，等著每個人覺醒，因為根本就沒有別人需要覺醒。除了你，外頭沒有別人；

小我就一個，只是表相看似很多個。那些你以為在外頭的人，實際上，此刻都正與你同在天鄉中，當然我指的不是肉體，而是他們真實的靈性生命。在一體之境中，沒有一人會被摒除於外；在圓滿之境內，沒有一物會遭遺落。因此，你所珍愛、所關心的每個人，包括動物在內，都存在你的覺識裡。容我再提醒一次，我指的不是那些分裂的生命，而是那不可能分裂的一體生命。沒有一物會被遺落在這完美之境外，它是完美的一個，恆常不變，從未存在於這個受時空所限的娑婆世界裡。但是，你仍體驗得到它，雖然表相上你好似存在一具身體內。

※一由時間和空間這個幻夢中醒悟過來，時空就不復存在了。也就是說你不必在此耗個一百萬年，等著每個人覺醒，因為根本就沒有別人需要覺醒。

葛瑞：沒錯，我有過那樣的經驗。

白莎：我們曉得。針對這點，我們日後會再多談一些，畢竟，那是所有問題的唯一答案。雖然你老是吊兒郎當的，不過我們知道你已經不那麼相信小我了。一旦有了這樣的經驗，你就容易選擇在岩石上建造你的房子，而非建在沙堆上。沙堆代表著瞬息萬變的時間與空間，其內無一物靠得住，唯一不變的事實是：它隨時都在變，是個隨著時間物換星移的世界。你唯一敢確定的是：它的下一刻絕不會跟此刻一樣。岩石代表恆久，它才值得你信賴。

葛瑞：對啊，你一旦經驗到實相，即便僅是一剎那，已夠讓你覺得這世上的一切有如糞土。

阿頓：你說得沒錯，你也操練得很好，總記得在兩個選項中作出正確的選擇。雖仍不完美，但已算不錯了，我們很開心。

葛瑞：謝啦！對了，我可不可以把這些內容運用到我的工作坊中？

阿頓：你不也把前一本書的內容用到工作坊中？

葛瑞：你這是「可以」的意思囉？好了，回歸正題，這世界表面上看似發生的一切，讓人感覺好像是真的，其實不然。就如前面說的，晚上睡夢裡我們所見到的影像都只是投射，我們心識的某部分看到這些影像，然而這些影像實際上是由心識的另一部分投射出去的，只不過這部分往往深藏不露。

至於白天肉眼所見的一切，則是我們將潛意識暗地裡所認定的自己的真相投射於外形成的。如同佛洛依德說的，夢裡的每個人其實都是自己。同理，我們生命中出現的每個人也都是自己的一個象徵。聰明的J兄很清楚這點，他知道人們批判或責難他人只會更加鞏固自己虛妄的小我身分，唯有真正的寬恕，才能化解這虛妄的身分而恢復靈性。

阿頓：是的。有趣的是，佛洛依德竟不是用「小我」（ego）這個字眼，而用"ich"，也就是「我」之意，來代表個人身分。將佛洛依德的「我」，與佛教涵蓋一切的「我執」加在一起，就成了誤以為自己有個獨立於它終極源頭的身分的那個傢伙。

白莎：很高興你提到了「化解小我」的觀念。光是告訴人們世界的虛幻，是絕對不夠的，對你一點好處都沒有。了解世界的虛幻固然必要，但真能化解小我的，只有真寬恕，這點我們日後會再深入探討。沒有這一步，便難以有進展。這其實只在一念之間：若視別人為一具身體，那麼你就是一具身體；倘能視別人為靈性，那麼你就是靈性。你的潛意識必會這樣解讀的，絕無例外。你究竟是怎麼認定自己的，就會怎樣看待他人，這點我們日後會再複習。

葛瑞：好玩的是，《奇蹟課程》這部靈修鉅著表面上用的是基督教詞彙，但骨子裡卻囊括了佛教的精髓。也許這就是某些基督徒不願接受此書的原因吧？

阿頓：是啊，保守派的基督徒並不認同此書。

葛瑞：其實也無所謂，反正他們連彼此都不認同。

白莎：你反應真快。由於人們未來會認同我們，因此我們想藉此表明一件事：我們只會示現於你，不會示現於其他人，或透過其他人傳遞訊息。

葛瑞：我又沒有抱怨。但我可以問為什麼嗎？

白莎：原因很簡單。在海倫費時七年筆錄完成《奇蹟課程》以前，幾乎所有的通靈人士都是在沒有自我意識的狀態下通靈的。譬如靈媒 Edgar Cayce 以及通賽斯的 Jane Roberts，他們在接收高靈的訊息時，自己聽不到訊息內容，他們得利用某種方式使自己抽離開，好讓訊息透過他們傳遞出來，《奇蹟課程》也說了：

只有極少數的人聽得到上主的天音。[11]

然而，隨著《奇蹟課程》的問世，人們得知該名女子是在意識清醒下聽見耶穌（即聖靈的某種示現）的聲音，於是，一夕之間，一堆人都宣稱自己聽見了J兄或是聖靈的聲音——即使明知《奇蹟課程》說過我們是聽不見的。他們的動機明顯得很：如果能聽得見聖靈之聲，就不必真的去了解這部課程內容，或操練《課程》所要求的寬恕功課了，不是嗎？自然也無需努力面對或處理小我以及潛意識裡的罪咎了。於是堂而皇之地跳過J兄給我們的挑戰：J兄要我們步上他的寬恕旅程，進入一個嶄新的心靈層次。這批人只是按照自己的喜好，編出自己的課程。沒多久，你就看到某些人等不及下功夫操練《奇蹟課程》，便以這部課程的教師自居；轉眼之間，就有些人宣稱收到J兄的訊息，而其內容卻與J兄自己在《奇蹟課程》的說法相互牴觸。

我們可不願讓人曲解我們的話，因此得先聲明：設若有人，不論是現在或未來，宣稱阿頓和白莎出現在他們面前，跟他們說話，或給他們某些訊息，那他們一定搞錯了。那不是我們，我們不會做這種事。這樣一來，就不會有人假我們之名說些牴觸或扭曲我們原意的話。那些不實的訊息、遭扭曲的J兄和聖靈的教誨，就留給那群宣稱自己受到《奇蹟課程》啓發、卻沒實地操練的人吧。

葛瑞：你這番話頗有火藥味，可能會引起某些人的不悅。畢竟他們沒親眼見到你們，不曉得你們的神態和語氣其實挺和善的。

白莎：抱歉，葛瑞，總得有人挑明這些事。要想有顯著的進步，可得下好幾年的功夫來操練，但不少人老想一步登天，而不善用「寬恕」這項利器。他們只想當大師，不願做學徒。讓我們挺欣慰的是，你仍以學徒的姿態分享自己的經驗、傳遞這些教誨。

話說回來，若你開始不安於此，怪事就會發生。比方說，有幾位所謂的奇蹟教師自立為秘傳的師父，有些做得明目張膽，有些則躲躲藏藏的。不管怎樣，假使有任何老師或助理人員試圖要你獻出你的家產或做大筆捐款，甚至要你搬進他們的「社區」裡，小心一點，其中必然有鬼。

《奇蹟課程》說得十分清楚，它並非遁世之法，而是寬恕世界的工具。那些「一方教主」會擺出「不會犯錯」的教宗姿態，讓人誤以為只要追隨他的左右即可開悟，而非教你依循《奇蹟課程》的教誨，實地走這趟寬恕旅程。事實上，數月之後，你便會遇到其中一位，屆時別與他起舞，而要設法寬恕，且不妨以他為借鏡，因他讓你看到，當一個人覺得自己超越了學習階段，也不必實修《奇蹟課程》，而只想指使他人、一味地佯裝大師時，會有怎樣的怪事發生。

葛瑞：這類事早就見怪不怪了，只是，這些「一方教主」為何要宣稱自己在教《奇蹟課程》？幹嘛不用《聖經》之類的書就算了？

白莎：他們的確有時會引用《聖經》或其他思想摻雜在《奇蹟課程》裡。這一點你日後也要小心，除非你能如實地呈現這部課程的訊息，只以其他工具作為對照或輔助之用，否則還是少摻雜為妙。

葛瑞：那麼，可能一邊學一邊教這課程嗎？

阿頓：可不可能？當然可能。但困不困難？當然也困難。唯一可以依循之道就是，時時記住萬事萬物都是為了「寬恕」而來。親愛的弟兄，雖然你有時仍無法當下記得寬恕，但最後總能憶起它來。你的寬恕雖不完美，卻是細水長流。只要你持之以恆，就能有很大的進步。畢竟，愈晚寬恕，只會讓自己受更多苦，不是嗎？

葛瑞：所以，你說的這種寬恕也適用於你方才提到的那些一方教主囉？

阿頓：當然。我們說過，你會有機會在他們其中一人身上用到寬恕的，未來幾年也同樣有很多新經驗等著你寬恕。

葛瑞：更多的寬恕機會？可真教人期待！

阿頓：記得，那是回家最快的捷徑。

葛瑞：那「冥想」呢？

白莎：最好的冥想方式，是我們在前一本書第十三章「真祈禱與富裕」後面所教的。那種冥想真實呈現出祈禱的原貌，能讓我們靜靜地融入上主內。將上主置於一切事物之先，視祂為你唯一的真實源頭，如此，不僅能化解你心中的分裂，還能啓發你靈感。很高興你仍舊每天早晚五分鐘做此冥想，你唯一要「做」的事只有這個，沒有其他方法更能啓發你靈感了。讓自己消失於上主的愛內吧，對祂心存感激，想像自己完美地融入祂內。

但要記得，這仍不能取代寬恕，因為寬恕是最快的成道捷徑，也是J兄在兩千年前透過言教、身教所流傳下來的不二法門。

葛瑞：那「活在當下」呢？

阿頓：「活在當下」顧名思義就是能帶你回到「當下此刻」，雖然它能幫你放鬆，但仍不能帶你「回家」。這類法門要我們觀照自己的判斷，但「觀照」不代表「寬恕」。況且，我們感受到的「當下」，並非天堂的「永恆」。除非小我已完全被聖靈化解殆盡，我們才可能時時經驗那個恆常之境。這得靠你擔起你份內的寬恕任務，其餘你看不見的、深藏在潛意識中的問題，自有聖靈照料。如此一來，在這條修行路上，你會陸陸續續有些經驗讓你知道自己上道了。有時僅是一絲深層的內在平安感，不要低估了那一絲平安。倘若平安是天國的狀態，那麼，你的心靈得先回到平安狀態，否則不就像是拿方形積木塞圓形的洞一樣？那份「超乎人意想的平安」，是回家的先決條件。容我再提醒一次，除非所有潛意識裡的罪咎都被聖靈清除了，否則是不可能永遠安住當下的。也請記得，教學時，重複提醒要點非但無礙，事實上還挺必要的。

葛瑞：你連這句話都「重複」了好多遍。

阿頓：真風趣。說真的，你一定有過這樣的經驗：重溫《奇蹟課程》某個段落時，覺得「未曾相識」。人們在重溫《告別娑婆》時，也會有類似第一次讀到的感受。文字內容並沒有改變，你的了解改變了。隨著小我一層層的化解，解讀的眼光自然也跟著不同，因此學習是需要再三重複的，而練習寬恕也需如此。

有時候你會覺得自己怎麼好似一而再、再而三地寬恕同一件事，對吧？比方說，你今天寬恕了某個同事，但明天還不是得面對同一張臉孔？雖然表面看來你在寬恕同一件事，連這也是假相。實際的情況是，更多潛意識裡的罪咎浮上檯面，等著你釋放，你得利用這一次又一次的機會不斷地寬恕，才擺脫得了這些罪咎。

白莎：我們會離開一陣子，兩個月後再回來。下次見面，我們會談談「力量」這個主題。什麼是「真實的力量」，又該怎麼運用它。最終，還是指向更深層的寬恕練習，指引你如何「就地」藉由你目前的生活與工作發生的每一件事了斷你的輪迴。

葛瑞：我沒有工作，我只是顧問。

阿頓：你到底想不想斷輪迴？

葛瑞：當然想啊！可是你們上回明明告訴我，我得再來一世，那對我有何好處？如果我現在就能學會斷輪迴，我為什麼還得再回來這兒？

阿頓：葛瑞，別忘了，聖靈無所不知，而你僅見一隅。《奇蹟課程》不也說過：聖靈「很清楚時間的意義，並教給所有的心靈，使每個心靈都能由時間的終點，自行決定什麼時候才願把時間釋回啟示與永恆之中。」**12**

你可曾想過，你再度回來也許對其他人會有莫大的助益？在那一世你其實只有一個艱鉅的寬恕課程要學，在你設法寬恕大事小事之際，你為他人作了示範。你身為白莎那一世，也同樣對我有極大的幫助。通常最後一世對個人而言，未必是最了不起的一世，而是最利益眾生的一世，也許會名聞遐邇，但多半是無名之輩。就像「全像式」圖片中的每個點一般，恰如其分。為了讓所有的心靈決定解脫之刻，每個心靈必須擔起自己「**奇蹟是環環相扣的寬恕當中的一環，當它圓滿完成之時，便成了救贖**（Atonement）。」**13**

就心存感激地擔起你的任務，老弟，精采有趣的日子正在前頭等著你及其他人！記得我們說過，地球上從沒有比現在更多已開悟或即將開悟的人聚集於此了，你若能分享這些訊息，必有助於他們的成就，他們有些人因著你而徹底脫離了輪迴！沒有比分享真理與一路寬恕更好的職業了。

白莎：兩個月後你就要正式上路，飛遍整個美國來傳遞這些訊息了。一開始難免有些緊張與不安，但只要你把它當成練習寬恕的題材，自能迎刃而解。一切的目的，皆在於此，持續寬恕就沒事了。待你首次橫跨美國旅行回來後，我們再多聊一些。

葛瑞：哇，真教人興奮！我從沒到過那麼多地方呢！

阿頓：記得，這一切都是夢。夢能有多美，得看你寬恕功夫下得多深。

阿頓和白莎頓時消失了蹤影，而我仍沉浸於好友重回我生命裡的滿足感中。過去這一年發生了不少事，在我被壓得有點喘不過氣時，能得到「高人」指點，讓我放心不少。只是，此刻的我毫不知情未來的兩年，這兩位高人與我的生命會帶給我多大的挑戰呢！

2 真實的力量

「決定能力」乃是困在世界的你所剩下的最後一點自由了。你是有能力下定決心去正確看待世界的。1

隨後的兩個月，我常想起白莎提及的「體驗」。過去一年，隨著《告別娑婆》的出版，不少寬恕功課接踵而至。比方說，網路上那一小撮惡形惡狀號稱靈修學員的人，就夠讓我吃不消的了，他們有些人別有意圖，根本連看都沒看過《告別娑婆》就惡意中傷此書。令我難以置信的是，其中不乏所謂「奇蹟圈」裡的人。現在也被納入圈內人的我，很快就認為我這些家人真該好好操練他們信仰的《奇蹟課程》。

還好，我在演說的途中結識了一群真修實練的奇蹟學員，與我間或在網路上所見的那群大不相同。我發現，這群壓倒性的多數，是真心誠意地操練這部能在靈修路上帶來驚人進步的《奇蹟課程》。在此同時，網路上也出現另一群人在討論《告別娑婆》，雖然這討論區的火還沒熱，卻在我與《告別娑婆》一書飽受攻詰之際，成了我的「愛心支援大隊」。

好事多磨，《告別娑婆》雖大賣，障礙似乎也不少，這包括了各種大大小小、有形無形的攻詰詆毀。狀況來臨時，我總是盡我所能地操練寬恕，因我知道，唯有透過不斷地應用，方能進入「體驗」階段，那也許僅是一絲內在的平安感，也可能是我已逐漸習慣的某種超乎人意想的玄奧體驗。《奇蹟課程》說過，以心靈層面而言，我不可能真的受到攻擊，儘管表相看來確有其事。話雖如此，操練起來還真不容易，有時我還會讓小我牽著鼻子走了一陣子，才甘願回頭選擇聖靈。這讓我納悶，為什麼我無法時時刻刻活出我鍾愛的《奇蹟課程》中「愛內沒有怨尤」2這句話呢？為什麼寬恕用在某些人身上行得通，某些卻困難重重呢？

我也知道《奇蹟課程》教過「你如何看他，你就會如何看自己」3，我怎麼看待他人，我勢必會怎麼看待自己，而這最終也決定了我自己的身分，是靈性或是一具身體。但我仍舊不明白，為何有的時候要作出正確的選擇會這麼的難？

阿頓和白莎預告過，我開始要四處旅遊了，可想見的，寫作、演說以及隨之而來的寬恕功課，會成為我往後的工作。之前的大半輩子我從不曾公開演說過，如今，卻已受邀上台了好幾次，也開過工作坊，而且就快要上路，投入一個不同於以往的固定工作中。

我不禁想起一九九二年十月（也就是我那兩位朋友首次出現的兩個月前）的情景。當時生活蠻困頓的，因此我慎重考慮過再回頭彈我的吉他，重操樂師這個已有二十年資歷的舊業，試圖攢點錢。我拿出封在櫃子裡的 Les Paul Custom，背在肩上，站在客廳裡，打算試試身手。雙手才就定位，突然感到吉他握柄處被人往下拉，把我也往下拖。我嚇了一跳。那就好像有個無形的存在體，試圖阻止我彈吉他，篤定卻溫柔地告訴我：「不，這不是你應當再做的。」我聽從了「他」，只是當時仍搞不清楚自己到底「應當」做什麼。不過，那個經驗倒是讓我吃了顆定心丸，覺得事情自會找上我。兩個月後，阿頓和白莎出現了，我才恍然大悟，原來自己得到了一個「工作機會」，能將我的下半輩子獻身於歸鄉之途。

二月底，我生平第一次到加州，旅途中我跑去看梅爾吉勃遜剛上映的電影「耶穌受難記」（The Passion of the Christ）。片中刻畫的 J 兄飽受磨難，總一副心事重重的模樣，那些嚴刑酷罰的場面著實令我不寒而慄。我迫不及待想跟我的高靈訪客討論這部電影。他們沒讓我久等，距上回一別的兩個月後，阿頓和白莎又出現在我身旁的沙發上。一如往常，他們的出現總在一瞬間，就跟我看電視拿著遙控器轉台的場景變換一樣迅速。他們來去都是這般乾淨俐落，就好像只是換了個頻率或次元而已。

阿頓：鬼靈精，你有不少事想談吧，想從哪兒開始？

葛瑞：我相信你們一定知道我去看了梅爾吉勃遜的電影「耶穌受難記」。我想談一點這個。

阿頓：是可以談一點，老弟，但若要善用今天，我們最好討論別的話題。

葛瑞：奇怪了，你們往常不都順著我，談我想談的問題嗎？

白莎：我們要談的主題反而更能切中梅爾呈現的耶穌受難像。不過，你看電影時，的確注意到了我們當初留下的「伏筆」，是吧？

〔註：白莎曾在《告別娑婆》中告訴我，若我想知道整個基督教教義，只需去讀讀舊經文（他們從不稱《舊約》）的〈以賽亞書〉第五十三章第五到第十節。這段話已收錄在《告別娑婆》中，於「耶穌受難記」上映前一年就出版了。聖經的那個章節以一隻羔羊被牽到屠宰場為譬喻：「因他的傷痕我們得到醫治」。這是一種舊時代的觀念，認為我們可犧牲一位純潔無罪的人，為他人贖罪。但問題是，這段話是在J兄前七百年寫下的，跟J兄一點關係都沒有，它敘述的是另一位先知。後來，人們把它當作耶穌的預告，其實跟他毫無瓜葛。儘管它和J兄的教誨無關，他們仍把這信念加於J兄身上，假想J兄跟他們一樣，信奉罪咎、恐懼、受苦、犧牲與死亡這套思想體系。

白莎說的「伏筆」指的是：他們老早就要我去讀〈以賽亞書〉第五十三章第五到第十節，且「未卜先知」他們的指示會在電影上映前成書出版。爾後，我跑去看「耶穌受難記」時，才赫然發現梅爾吉勃遜電影中的第一幕正是〈以賽亞書〉第五十三章第五到第十節的引文！我將這段章節從聖經中摘錄於下。由作者筆下，我們可看出一套隱藏在潛意識中的思想體系：

可是他為我們的罪惡而受傷，
為我們的過犯被鞭傷。
我們因他所受的責罰而得痊癒，
因他的傷痕而得醫治。
我們都像羊群一般，走失了，
各走各自的路。
但上主卻把我們眾人的罪過
都加在他身上。
他受虐待，但沉默不反抗，
他像一隻待宰的羔羊，
又像剪毛工人面前的綿羊，
他仍是閉口不語。

雖然他從未做過暴虐之事，從未說過欺人之言，
人們仍將他與惡人同葬，
與暴虐者同埋。
然而這是上主的旨意，
要用苦難折磨他，
當他以自己的生命做贖罪祭時……
〔譯註：〈以賽亞書〉，天主教譯名為〈依撒意亞〉。以上採天主教譯文〕

好幾世紀後，因殺害無數基督徒而深感內疚的掃羅（也就是「使徒保羅」），在前往大馬士革的路上經歷到某種頗有爭議的「耶穌顯現」事件後，從此扛起他認為的耶穌的志業。保羅是個信仰《舊約》的猶太人，自然不難想像他會把上述那類信念套入他的神學中，使得這宗教喪失了J兄真正的訊息，而被他們原有的思想體系取代了。

上師知道我最大的嗜好是看電影，故意要我先去讀那幾個章節，好讓我日後看「受難記」時發現那句引文。其實，上師對我耍這種「把戲」並非第一次，他們先前已玩過類似手法。有一回，他們跟我說：「人身其實與陰魂沒兩樣，陰魂也認為自己的身體是活的；其實，它所看到的，只是它想要看到之物而已。」

幾年後，我去看由奈沙馬蘭（M. Night Shyamalan）編導的「靈異第六感」（The Sixth Sense）這部非常棒的電影。片中男孩跟心理醫師傾吐心中的秘密，他針對陰魂說了這兩句話：「他們以為自己是活的。其實，他們所看到的，只是他們想要看到之物而已。」正當我全神貫注於這部驚悚電影時，突然聽到這兩句話，差點沒從椅子上摔下來。我猜，兩位上師恐怕此刻正在竊喜吧。不過，我很清楚，他們不是在開我玩笑而已，而是將我進一步推向歸鄉之途」

阿頓：對啊，電影一開場，我們就一直注意你，等著看你的反應。

葛瑞：你指的是開場白「因他的傷痕我們得到醫治」那句引言吧。我想，若我們真能因此而得醫治，就難怪梅爾要拍攝這麼多的「傷痕」了。

阿頓：那不過是小我的思想體系，老弟。日後我們會再深入探討這個問題。等我們談到《奇蹟課程》第二十七章「夢中英雄」這一節時，會一併討論「受難記」這部電影，也會談談這個世界的信念是怎麼根深柢固地建立在這具身體上的。

白莎：說到身體，你也知道，你一直思索的「愛內沒有怨尤」這個觀念，正是化解身體的一帖良方，如同該課所言：「**放不下怨尤，表示你已忘卻了自己是誰。放不下怨尤，表示你已把自己視為一具身體。**」[4] 近日來的寬恕功課讓你嚐到不少苦頭，對吧？

葛瑞：你們明明知道。那麼，到底為什麼寬恕某些人還算容易，某些卻這麼困難？

白莎：你得記住，人的潛意識裡什麼都知道，它對你每一世的任何一種關係都一清二楚。你可以把你的生生世世想像成一首舞曲，這一幕你扮演受害者，下一幕則成了迫害者。這一世是個殺人犯，下一世卻成了被謀害的人，也許殺害你的正是你上一世所殺害之人。不僅單一事件如此，人的職業亦是如此。這輩子是牧師，可能下輩子是妓女，反之亦然。事實上，J兄所救的那名原本要被眾人擲石致死的妓女（不是抹大拉的馬利亞），在先前的某一世中就曾幫助過J兄。我們一直在變換角色，夢中的某世是警察，下一世可能成了罪犯。

葛瑞：甚至更糟，成了政客。

白莎：政客有他們自己的心結要解。對他們仁慈點，也是對你自己仁慈。

葛瑞：我已經很努力了，老兄，成績還不錯呢！以往我每回在電視上看到某個從政者（你知道是誰），我就一把火。只要一想到他是怎麼把我們國家和整個世界搞得烏煙瘴氣的，我就有氣，會忍不住跟他對立起來。有一天，他又出現在電視上，我快要隨之起舞時，突然憶起了真理，決定寬恕他。正如你說過的，能在節骨眼上憶起真相來，是最不容易的事。當我開始寬恕他時，才發現他根本連我在看他都不知道呢！那麼，到底受苦的人是誰？搞不好他此刻快活得很！他不知道這只是個幻，還真以為自己是一國之君！

白莎：沒錯，寬恕始終都是一份給你自己的禮物，而非給你認為被你寬恕之人。不論是以形上或形下的層次來看，你都是真正的受益者。雖說每個念頭都會帶來某種程度的影響，而你的寬恕也確實能勾起他對真相的記憶，使他也蒙受好處，但重點是，那個人並不真的存在，我談的是你的心靈好似分裂出去的那部分。

葛瑞：是啊，我覺得這真的很酷。當我寬恕時，我實際上是與心靈層面的自己再次結合，重歸圓滿一體。再者，若能寬恕，我就不用受苦。假使一分鐘內能寬恕，不用耗上半小時，那麼這輩子我就少受苦二十九分鐘了。

阿頓：沒錯。你記不記得以前比爾·柯林頓出現在電視上時，你的老丈人生氣的情景？

葛瑞：當然記得。他有時氣得面紅耳赤，有時甚至得轉台或離開電視機才行。為此他受了八年的苦，然後死去。我敢說，那個時候的柯林頓恐怕正快活地過他的日子呢。

好了，重回我們「輪迴快餐」的話題吧，你的意思是不是：我之所以較難寬恕某些人，是因為我早在另一世中認識他們，而且與他們有些糾葛，只是在意識上記不得了。我能了解你們所說的輪迴的「表相」，我們看似在輪迴，其實不然，那不過是一段冗長且荒誕的心識之旅，實際上我們哪兒都沒去。如同《奇蹟課程》說的，我們只是「在腦海裡重溫一遍陳年往事而已。」[5]

❋我們看似在輪迴，其實不然，那不過是一段冗長且荒誕的心識之旅，實際上我們哪兒都沒去。

我們不過在看著自己潛意識所投射出來的影像而已。就好比在看電影時，刻意忘記那是假的，我有意把它當真，整個注意力都跑到上頭去。於是，當我漸漸投入劇情，可能就會跟著螢幕上的情節起舞了，但事實上那兒什麼也沒有。螢幕只是「果」，螢幕上的影像實際是從別的地方來的。若為了要改變螢幕上的影像而去修改螢幕，那只是無益之舉。後頭藏著的那架放映機才是真正的「因」，我們所見的一切，實際上都是源自那兒，但是看電影的人卻忘了放映機的存在。

要想擁有真實的力量，自然得從「因」，而非從「果」下手。只要改變放映機內的膠卷，那麼一切都會隨之改變。反觀我們的生命或任何肖似生命之物，絕大多數的人終其一生忙於修改螢幕上之物，也就是在「果」上下功夫，而不設法改變放映機與其內的膠卷，也就是改變心靈與依附其上的任何思想體系。

思想是前因。我記得看過一則醫師研究報導，探討有關憂鬱症患者與其想法之間的關聯性。醫師原先以為患者之所以有那些負面思想是因為患了憂鬱症，但研究結果卻令他們大感意外，事實上是因為患者經常持著負面思想，才會導致憂鬱。

阿頓：說得真好。你知道嗎，你有時候理路還挺有邏輯的。

葛瑞：這是你對我說過最動聽的話了。

阿頓：可別跟別人講。

白莎：對了，你也會在你的工作坊中用到這個以電影為例的「因果」觀念。你的教學以及《告別娑婆》這本書，都會讓奇蹟學員對這部課程的教誨有更精確的了解。目前，他們當中就有不少人對《課程》的教誨當作兒戲似地掉以輕心。倘若你告訴這些人，他們所教的跟《奇蹟課程》所說的不同，他們就給你冠上「基本教義派」這個頭銜。事實上，只要是遵照《課程》的實際教誨去活的人，都可稱為「基本教義派」。要終結這類愚昧的事，你可有好長一段路要走。你傳遞出的訊息如此明確，讓其他教師沒有迴避的餘地，因此，他們不能不從善如流，否則就會看起來並不真的了解《課程》似的。

我也要恭維你一句：你過去這幾年還稱得上是位修行中人。

葛瑞：沒錯，寶貝。

白莎：由此可知，從「果」下手有多愚蠢，而從「因」（也就是心靈）下手有多重要，因為心靈才是真實力量之所在。我們會再複習一下，在那之前，你必須了解所有棘手的人際關係都是前緣已定，而且是你要來的。

葛瑞：我想我應該了解。也就是說，我上輩子得罪了某個人，只是我忘了，這輩子那個人跑來找我麻煩，甚至可能傷害到我，而我卻認為都是他的錯。但真實情況是，我上輩子找他麻煩，甚至可能傷害到他，他不過以牙還牙罷了。通常雙方都搞不清楚為什麼這一世會跟對方過不去，其實整件事在這個受小我支配的時空劇本裡早已設定好，我們在其中交替扮演著受害者與迫害者。我這樣說，正確嗎？

白莎：這場劇再真，也不過跟夢一樣。某些寬恕功課之所以困難，是因為你的潛意識記得你們前世結下的樑子，因此你暗地裡打定了主意，這一世絕不輕易放過他。況且，你藉此來抵制任何放棄「個體性」的可能，你的小我知道，一旦你操練寬恕，它就沒戲唱了。每個人都有幾世以來的各種人際關係，無一例外，而這些記憶全都隱藏於潛意識中。這正是為什麼，寬恕「恨的特殊關係」遠比寬恕「愛的特殊關係」來得困難。

葛瑞：要寬恕愛的特殊關係（親人、朋友、伴侶等）很容易，只因你愛他們；但要寬恕恨的特殊關係（你討厭的那群人），可就難了，因為那群混蛋「不配」得到寬恕。而且你還認為你所珍愛的人「配得」一切好事，倘若你的親人殺了人，你甚至會上法庭聲援他，設法為他脫罪。真實的愛與寬恕絕不會將任何一人摒除於外，它們適用於每個人，毫不特殊，一視同仁。它們的真實性，靠的正是它們原是一個整體。

白莎：是的。然而，為了「弄假成真」，你用的一種手法就是將某些身體營造得比其他身體特殊，為的是要讓你的心能在那些形體上看到罪的存在，好將自己潛意識的咎投射到他們身上，這也正是你一開始要營造出他們的原因。只要去算一算你和那些親人投胎過的次數，你便會了解那些形體其實一點也不特殊。

葛瑞：我到底投胎過幾具身體？

阿頓：上千具。

葛瑞：你們在《告別娑婆》的最後一次造訪中提過，我曾輪迴上千次，那數字聽來頗嚇人的。

阿頓：是嗎？你想不想瞧瞧？

葛瑞：什麼意思？

阿頓：坐穩了，老弟。接下來的情景會令你震驚。

葛瑞：喔喔，聽起來很恐怖的樣子。

（接下來的情景著實讓我倒抽一口氣。阿頓和白莎在我面前急速地變換成種種不同的人身。一開始，白莎變成了一名男性黑人，阿頓則成了一位上了年紀的女性。維持兩三秒讓我看了幾眼後，又再次變換。這會兒，白莎是個十六、七歲的女孩，阿頓則是年紀相仿的男孩，表現出男女二元的特性。這些身體與阿頓和白莎變換出的其他身體一樣，看來都十分真實。突然地，他們加快了變換的速度。接下來的一分鐘，映入我眼簾的，竟是兩條川流似的人體變換影像：難以數計來自不同年代的各種形體與裝扮。我想起了阿頓方才問我的那句「你想不想瞧瞧」，我才恍然大悟，這些身體全都是我！他們給我看的是我每一世的肉身，有上千具！

目不暇給的形體變化讓我暈眩，覺得自己快被拉進這個川流變化中，好似我也參與其內，跟著阿頓和白莎在變換身體。於是我明瞭，從有「時間」的觀念開始，我就在變換身體了，正因著「時間」這個東西，我才會好似出現在「此時」、「此地」。霎時，我感到「葛瑞」這個身分也沒那麼重要了。如果我曾輪迴成眼前這些身體，那麼此世我看似存在其內的這具身體又有什麼特別？阿頓和白莎持續變換著，整個房間好似盤繞著一股能量，凝聚在他們坐著的沙發那塊地方。一幕幕身體的影像掃過，偶會出現不太像人的形體，雖然他們肯定是人類。我直覺認為那些可能是外星生物，但因變換得太快，我無法看個仔細，僅能匆匆一瞥。大致上多為各種不同樣貌、體型及膚色的男男女女（有些辨認不出性別）：老老少少、黃髮垂髫，有的衣冠楚楚、有的袒胸露背，這全像式的真人影像表演一幕幕閃過，感覺像有一個小時之久，而後瞬間停止，回到了阿頓和白莎原來的模樣）

葛瑞：嘿，且慢！回到前一個！

（此時白莎變成了我現在的樣子，就像鏡中的我一般，但阿頓不見了）

葛瑞：阿頓呢？

白莎（葛瑞的樣子）：問得好，現在還不是讓你看到阿頓這一世模樣的時候。這個我們以後會談到。

葛瑞：好吧，好吧。那麼你們能不能再往前回溯一個？

（白莎又變換了一次，成了一名年約三十歲的男子，而阿頓所坐的位子上則出現了另一名男子。根據我對《告別娑婆》中阿頓和白莎最後一次到訪的記憶，我意識到現在眼前這兩位正是被後人尊為聖人的多瑪斯和達太。除了文質彬彬外，他們最大的特徵是：身材比現代人矮得多。我沒多少時間打量他們，阿頓和白莎很快又回到他們最後一世（在我們的未來）的模樣。由此可知，時間是全像式的，過去、現在和未來全都同時發生，而且根據《奇蹟課程》的說法，它們實際上都已經結束了。只不過，我們仍得完成我們的功課，才能體驗到這句話的真實性）

白莎：好啦，現在，你已看到自己過去身為多瑪斯的模樣、現在的模樣，以及未來成為我的模樣。你也看到了過去的達太，以及他的來世阿頓。我想，你也許需要休息一下吧。

（我瞠目結舌地坐了一分鐘，一邊思索著方才發生的事，設法消化那段驚人的異象之旅。我漸漸回神了後，白莎又開口說話）

白莎：你在幻夢中各個輪迴所呈現出的身體，都是二元對立下的象徵形式。因此，你有幾世是富裕的，就有幾世是貧困的；良善了幾世，就邪惡了幾世；貌似潘安了幾世，就其貌不揚了幾世；名聞遐邇了幾世，就沒沒無聞了幾世；身強體健了幾世，就體弱多病

※你在幻夢中各個輪迴所呈現出的身體，都是二元對立下的象徵形式。

了幾世；任何你想得出的二元對立狀態皆是如此。它們全都不是真的，只是個把戲，你就是你自己的對應物。說到究竟，輪迴中那些不屬於你的身體其實也都是你，他們就如同你的身體一般，都在反映二元對立的特性，因為他們象徵了天人分裂的狀態。然而，根本沒有天人分裂這回事，上主是唯一的實存，其餘一切盡為虛妄。這點，《奇蹟課程》毫不妥協，如果你真想認清真相的話。

阿頓：還記得我跟你提過的那個「天人分裂」的一念吧。那念頭既不屬於上主，因此祂自然不予以回應。予以回應就等於賦予了它真實性。倘若上主承認了「完美一體」之外的其他觀點，那麼完美一體就不再完美了，也不再有「天堂」這個完美的境界讓你回歸——縱然你終會明瞭自己從沒真正離開過它，你一直在那兒，只是進入了一個夢魘狀態的假相中。

葛瑞：因此，比爾・賽佛才會這樣說：《奇蹟課程》是基督教的《吠陀經》（*Vedanta*，印度教經文）。是嗎？

阿頓：一點都沒錯！比爾了解這部課程所說的，只有完美的、絕對一體的上主才是真的，其餘無一物為真，而這正是古老的《吠陀經》所要傳遞的訊息。當然，後來它也被人們扭曲了，就像現在人們曲解《奇蹟課程》一般。

絕對要忠於訊息原意，不可作任何妥協。《奇蹟課程》是純一體論，我們不想讓兩千年前發生在J兄訊息上的事，又發生到這部課程身上。這也是我們回來的主要原因之一：要幫助世人專注於正道上，包括你在內。我們希望你直言不諱地傳達這些訊息，假使有人批評你與這些訊息，你要寬恕，然後告訴他錯在哪裡。你有權「不」保持緘默。

葛瑞：這會不會與〈練習手冊〉中的「**自我防衛表示我受到了攻擊**」[6]這個觀念相牴觸？

白莎：切記，《奇蹟課程》一向針對心靈的層次，絕非物質形象的層次，因為「**本課程是一部強調『因』而不強調『果』的課程**」[7]。你在心內選擇正念。有時可能在你寬恕之後，你會感到聖靈正透過某種方式指引你該做什麼或不該做什麼。但這不必經常發生，你無需有源源不絕的靈感，只需一個靈感就足以讓你的生命徹底改觀。這正是天啓靈感所帶來的效果，它隨著寬恕而來，一如它隨著真實的祈禱而來一般。

> **※你無需有源源不絕的靈感，只需一個靈感就足以讓你的生命徹底改觀。**

葛瑞：你方才顯現的那些「我」當中，怎麼有幾個看起來像外星人？這是怎麼回事？

白莎：你需要知道的，我們都會告訴你，老弟。有時候輪迴所化身的形式不見得會是人身。雖然人類絕大多數都會輪迴為人身，但並非每一世都是。這跟娑婆世界的形成方式有關。重要的是，你得了解你生命的目的，是要你藉著它返家。

葛瑞：要描述我方才所見的景象，還真有點困難。

阿頓：別耽心這個問題，儘管做就是了。我倒是可以提醒你一個我們以前說過的建議：別花太多時間描述我們，包括我們身為多瑪斯與達太時的模樣。我們方才的目的不是要人眷戀於形體上，而是利用這些形體教你看出所有身體的虛幻不實，並藉此強調，終究說來，沒有任何一具身體比其他身體來得重要或真實。聖靈正是藉此帶你入門，利用假相引導你超脫假相。真實的寬恕也是假相，但它能領你回家。少了它，你就永遠受困於這個苦悶的夢鄉裡。

葛瑞：也不全是那麼苦悶啦。

阿頓：不過又是另一個幌子罷了，老弟。我要表達的不是它有時候「不好」，只要脫離了圓滿完整之境，即使在「好」的時候，也仍會感到若有所缺——所缺的正是你與上主的完美一體。這個由時空構成的娑婆世界就是設計來掩飾我們唯一的問題，亦即天人分裂的幻相，與唯一的解決之道，亦即回歸天鄉的不二法門：「寬恕」。《奇蹟課程》有一個非常重要的觀念：

與上主分裂之感是你唯一有待修正的「欠缺」。8

倘若那真是「唯一的」欠缺，那麼其他所有的欠缺都不過是它的象徵標記而已。

對了，除了沒花太多時間描述我們外，我還得誇讚你一件事：在《告別娑婆》的訪談中，你沒將我們「拍照存證」，而且還把所有的談話錄音帶銷毀了，這是個很好的決定，你這回也當照辦。

葛瑞：知道嗎？做出這個決定，內心挺掙扎的。

白莎：我們知道。但，倘若那些東西外流，人們可要分心了，不把注意力放在這些教誨上，反去追究錄音帶的真實性、裡頭的人又是誰？外頭已有太多「旁騖」了。錄音帶是讓你自己能正確記錄對話內容，用完了就該銷毀。倘若有人不贊同，或認為你的動機不明，就讓它去吧。大局為要，我們一起來幫人專注於該專注之物上吧，哥兒（bro，夏威夷的打招呼法）。

葛瑞：哥兒？你讓我想起了夏威夷。你知道的，我就去過那麼兩次。

阿頓：耐心一點吧，哥兒，你明年還會去個兩趟，其中一趟是從澳洲回來的路上。

葛瑞：澳洲！你說的是真的嗎？

阿頓：這兒的事能有多「真」？你是到那些地方分享這些訊息的。

葛瑞：我真不敢相信！我小時候總覺得澳洲這種地方就跟火星一樣遠，簡直遙不可及。

阿頓：好了，現在它已不再是遙不可及之地了。但要謹記，那不過是趟心靈之旅。基本上，哪兒的人都一樣，語言也許不同，但想法都差不多。以後你還會到一些需要有專人翻譯的地方。

葛瑞：希望他們能譯得精準一點，千萬別像我們試過的電腦翻譯軟體一樣。

〔註：《告別娑婆》出版後，我與我的第一家出版商派屈克聽說網路上有其他國家的人加入討論區。其中一個國家是荷蘭。我們找到了一個網頁，上頭有人在討論該書，於是我們試著用某個電腦軟體幫我們翻譯。孰料，電腦程式只會照字面翻譯，或至多提供較接近的字眼，而不能像個真正的譯者譯出語意來。當我提到我在該書的開場白寫道「我感到與耶穌有種說不出的緣分」時，電腦卻譯為「作者與

耶穌共浴」）

白莎：「與耶穌共浴」這個說法恐怕已傳遍荷蘭了。

葛瑞：我寧可與你共浴。

白莎：我寬宏大量，不跟你計較。不過，看了那些人像後，你似乎仍在發燒狀態。

葛瑞：是啊，其中有些長得還真不賴。

阿頓：我們可以回到主題，好讓人們早日跳脱輪迴嗎？我們還沒有複習完主要的教誨呢！好比說，人心內潛藏的罪咎，以及怎樣才能讓聖靈化解？你願意跟大家多分享一些嗎？

葛瑞：當然願意，但必要時請隨時不吝指正。假設上主是存在的，且是完美的一體，此外，別無他物。上主創造時，將祂所造之物創造得猶如祂自身一般。這份共享的完美之愛，雖非破碎的心靈所能理解，但那種境界卻是妙不可言。但，不知怎的，受造物閃過一個念頭，一個毫無意義也微不足道的分裂念頭：「如果我離開了主體，自己去創造，不知會是什麼情形？」這個想法其實意味著個體的出現。

如同你説過的，上主聰明得很，對此瘋狂一念不作任何回應，祂仍舊維持完美一體的實相本質。然而，那個分裂的念頭卻使得我們好似有了不同於主體的經驗。問題是，它實際上並沒有發生，表相上看似發生而已。這個夢就好像我們晚上所作的夢一樣，感覺很真，實際卻是個幻。某些看來較不真實的夢，不過是為了讓我們將比較清晰的夢當真而已。這正是為什麼人間會有層次的真正目的，它是不可能存在於完美一體之境的。

這段好似存在的經歷發生在浩瀚無邊的形上層次——我們稱之為「意識」。就我所知，《奇蹟課程》是世上唯一一部揭露「意識」內幕真相的靈修書籍：

> **意識（也就是知見層次），是天人分裂之後在心靈內所形成的第一道裂痕，從此，心靈由創造主體轉變為認知主體。意識，正確地說，已經淪入小我的領域。**[9]

人類認為「意識」非常重要，只因我們希望自己所營造之物具有很大的意義。於是我們讚頌它、衡量它，並賦予它特殊意義，然而它實際上只是我們與終極根源分裂的一個標幟而已。它代表著分裂，因為，要有意識，就必須有一個以上之物，必須有主客二體，有個自身之外的東西好讓它去「意識」。於是，二元就這樣取代了絕對一元，虛假不實的象徵性二元對立狀態於焉形成。

> ❋人類認為「意識」非常重要，只因我們希望自己所營造之物具有很大的意義。然而它實際上只是我們與終極根源分裂的一個標幟而已。

二元又孳生多元，這一切不過是最初那分裂一念的象徵而已，於是這多元複雜性又孳生出一片混沌，推究其根本，皆源自幾個基本信念，例如匱乏與死亡，而我們只有在視自己為分裂時，才會將這些信念當真。滿全之境內沒有匱乏之虞，然而你一旦有了分裂、對立這類信念時，各種光怪陸離之事就產生了。這正是為什麼〈創世紀〉裡說：「從善惡樹上長出的果子不可以吃，你若吃了，你就會死。」因為，善惡是相對的，一旦有了相對的觀念，死亡的觀念就潛入了。天堂內沒有死亡，只有永生，我們一旦有了相對的觀念，生命就好似有了對立物，也就是死亡。但實際上死亡並不存在。因此《奇蹟課程》在導言中說道：「與愛相對的是恐懼；但無所不容之境是沒有對立的。」10

能涵容一切者即為真，不能涵容一切或非圓滿具足者，根本就不存在。

阿頓：你說得很對。《奇蹟課程》提到「救恩」時也曾說道：

它讓你能夠在那些支離破碎的現象背後覺察圓滿的存在。只有這一覺知才能克服死亡的恐懼。因為支離破碎之物註定會腐朽滅亡，只有圓滿的生命才能永恆不朽。11

葛瑞：永恆不朽？我沒什麼印象《奇蹟課程》用過這個字眼。

阿頓：不必大驚小怪。請再繼續。

葛瑞：好吧。「真實的寬恕」回應此虛妄的分裂之境的方法是：否認一切非真實之物，僅接受真實之物。J兄在他的《奇蹟課程》中是這麼說的：

它「否認」了任何不是來自上主之物具有左右你的能力。12

阿頓：這段話反映出這部課程的真理：

永恆不朽之物是凜然不可侵犯的，無常世界對它產生不了任何影響。13

葛瑞：好個「永恆不朽」的傢伙。大部分的人會覺得「此地」的經歷十分真實，但問題是，為什麼會這樣？我們只須回到形上層次來看，很快便能窺知一二了（雖然此刻我們已意識不到）。在營造出這個由時空構成的娑婆世界之前，仍在形上層次的我們深受極度的失落感所苦，這失落感之深之廣遠超乎我們此刻所能想像。

白莎：說得好。你得了解，在那之前，你經驗中的一切都是完美的。你備受關愛、具足一切、無有罣礙，全然喜樂。這份極樂是無法言詮的。如今，這分裂的一念讓你覺得自己鑄下了大錯，以為自己失去了上主，而這意味著你失去了一切！在世間的經驗中，最貼近於最初與上主分裂的感受，莫過於失去你最摯愛的人。當他們死去時，你會怎樣？你感受到一種分裂，因你認為再也喚不回他們了。然而，那不是真的，因為沒有人可能死亡，只是表相看來煞有其事。它實際上是第一層分裂的象徵，在這世界中重新上演罷了。正是這最初的分裂（亦即形上層次與上主的分裂），使你極為不安。

阿頓：分裂之後形成了二元對立，因此我們有兩種可能的方式可以看待這一切：一是正確的方式，我們稱之為聖靈的解讀；另一是錯誤的方式，我們稱之為小我的解讀。上主並沒有派遣聖靈來拯救我們，聖靈可說是我們對與上主同在的實相境界的記憶，也就是正見；小我則是妄見。起初，人們以為《課程》教導的對象是「人」，這是因為他們認為自己是這具身體；然而，這部課程中的「你」，實際上指的是我們狀似分裂的心靈，只有這個心靈需要重作選擇，決心尊聖靈為師，而非認小我作父。

> ※這部課程中的「你」，實際上指的是我們狀似分裂的心靈，只有這個心靈需要重作選擇，決心尊聖靈為師，而非認小我作父。

這並不容易。因為小我會藉著你的恐懼不安興風作浪。這個發生在意識層面的新經驗，會讓你以為自己失去了一切，而小我就更樂得讓你認為你真的做錯了事。「你遭殃了，老弟。上主對於你幹的好事勃然大怒。」你一旦認為自己做錯了事，「罪」的觀念就進來了；一有「罪」的觀念，就會有罪咎感；有了罪咎感，就表示你會受到懲罰，而且你還認為懲罰你的正是那位真神！這造成了你對上主的恐懼，這份恐懼仍存在著，儘管你現在已經意識不到。這使你不安的罪咎感仍藏匿於潛意識中，但因為心靈是全像式的，因此，你對真理的體驗也同樣埋藏在潛意識中。

白莎：是的，聖靈傳遞給你的真理，可是截然不同的戲碼。聖靈帶給你的訊息是：「你哪有什麼問題？你認得上主的，你始終與祂同在。祂賜予你一切。除了愛你，祂什麼也沒做。而你唯一要做的事，就只是忘掉那個傻念頭，回到家中。問題早已解決了。」

阿頓：小我可得盡快想出對策來，於是它想到利用「有個獨立身分」這個想法來慫恿你：「聽好了，老弟，你得趕快逃開，我有個可供我們容身之處。」小我知道你心裡的痛，也曉得你有意逃開，只是不得其門而「出」，於是他又加了把勁：「只要你跟我走，你就可以擺脫這種痛苦了。」這番話正中下懷，只是聖靈的話言猶在耳，使你下不了決定。於是小我獻上了一塊大餅：「老弟，只要你跟我走，你就可以自立為神，可以編造自己的生命，能擁有自己的個人身分。你可以發號施令，而且與眾不同。」這可真是令人垂涎的糖衣。這下子，你不僅可以把那要命的痛甩得遠遠的，還可躍上「神的寶座」！

葛瑞：嘿！你不是要我來作複習的嗎？

白莎：是不是因為這樣，剛剛阿頓講話時，你自言自語了一番？

葛瑞：喂，我若不能跟自己說話，誰能？

阿頓：我們再來簡短地解釋一下，為什麼這一切看起來這麼真實。小我有個天衣無縫的計畫：在這形上層次一旦你選擇了小我，就等於與它結合，接下來就是我們先前提到的，心靈會使出「全面性否認」的伎倆。然而，你否認一物，那一物自然得跑到別的地方去。你以為否認了它就可以擺脫它，其實不然。你只是把它推到意識層面下，表面上意識不到而已。於是所有無法存在於滿全之境的信念，如罪、咎、恐懼、匱乏、死亡、攻擊等等那一堆隱隱作祟的不堪之物，全都被你否認而投射於外。就連世間的心理學家也會告訴你，投射總是尾隨在否認之後，只是，我們現在所談的，涵蓋範圍之廣，遠超乎你的想像。如同J兄在《奇蹟課程》中說的：「這表示你尚未意識到那個錯誤的遺害如此之深。」14 他同時也說：「聽從小我的聲音的人，必然相信自己有攻擊上主的能力，並且相信自己已佔據了上主的某一領地。為此，你不可能不害怕上天的報應，這種罪咎椎心刺骨，使你不能不設法把它投射出去。」15

你能了解這整個驚人的內幕嗎？

葛瑞：我真不敢相信我要去澳洲了。

阿頓：我們再繼續。你想擺脫的那一切、所有你以為就是真相的那些令你不堪之物（用幾個字眼就能總括進去：如「罪咎」，以及因著這個罪咎而以為會受到懲罰的「恐懼」），全都被你否認而投射於外，成了你眼中的外境。從開天闢地的那個「大爆炸」開始，這個由時空構成的娑婆世界便形成了。而這個娑婆世界的真正目的（雖然你已藉由否認把它遺忘了），就是供你擺脫你信以為真的自己。這下子，它們好似不在你內了，全都在外頭了！

當然，實際上，外頭並沒有東西，表面看來琳琅滿目，那是視覺上的錯覺，卻以多重感知的模式呈現，這點我們待會兒會再談談。在此，我們得記住《奇蹟課程》的一句話：「觀念離不開它的源頭」16。是的，也許表面看來你已藉由投射把那些東西丟到外頭，成功地擺脫了它們，然而，這不過是虛晃一招，它們仍在你的心識裡。你看不到這點，是因為它們一旦遭你否認，你便覺察不到它們了。它們看起來在你身外，但你卻忘了，這一切是在你選擇了小我時所妄造出來的。這就引出了《課程》一個非常重要的原理：「投射形成知見」17。要不要，你念一下〈正文〉中那個部分的前幾句？

葛瑞：是的，老師。在哪裡？

阿頓：第二十一章導言的第一段。

葛瑞：嗯，就在開頭處：「投射形成知見。你眼中的世界，全是你自己賦予的，如此而已。既不多，也不少。因此，世界對你變得意義重大。它是你心境的見證，也是描述你內心狀態的外在表相。」18 哇，我沒那樣想過。我所見的，都是「我」造出來的？

白莎：答對了，老弟。它之所以看起來不是那回事，是因為它們遭到全面性的否認。同樣的，你所見的每個身體，包括你自己，也都是你造出來的。身體存在的目的就是為了要弄假成真。那麼，既然身體也屬於假相，你就別指望它能告訴你假相的真面目。身體的形成與利用投射所造成的分裂一樣，都是出自同樣的選擇，而「投射」正是這整個假相的起源。你希望分裂，好讓罪咎看起來在別人身上，而不在你身上，於是罪咎滾出了你身外，進入他人內。但由於投射形成你對每件事的知見，因此每件事的起因仍在你心識內，而心識是可以改變的。正如《奇蹟課程》所言：「一個觀念所產生的後果一定離不開它的源頭。分裂的觀念形成身體之後，依舊藕斷絲連，它還會害身體生病，只因心靈把自己與身體視為同一

✵身體也屬於假相，你就別指望它能告訴你假相的真面目。

物了。」19

如今，你覺得自己困在一具身體內，與其他身體一同過活。你所有的知覺（不只是視覺），都在告訴你這個世界真實不虛。你所看得見與感覺得到的一切都是那麼具體可信。打從你出生的一刻到死亡的一刻，都在描述你這具身體的奮鬥歷程，它是怎麼掙得物質上的享受與特殊之愛。你不難看出，你們的社會為身體與性滿足瘋狂到什麼程度。

葛瑞：我能了解。我曾有過性經驗，真教人飄飄欲仙。

白莎：親愛的，別忘了，在二元世界裡，美好的經驗必有其反面，且終有結束的一天。因為，在這兒一再上演的，不過是各種形式的天人分裂鬧劇，就像重複播放著一部片名為「分裂」的DVD。J兄是這樣形容你的生命的：「每一天，每一分鐘，每一瞬間，你不斷重溫那恐怖的時間幻相取代愛的那一剎那。」20

葛瑞：我真喜歡那個耶穌，三句不離《課程》宗旨。你是說，外頭看起來有這些人、事、境遇的存在，其實不然。他們並非真實的人，表面看似如此而已。實際上，我所見的一切是我自己營造出來的，而我故意將它遺忘。我會營造這樣的表相，因為我暗中相信自己真的是如此，我把原始分裂的記憶埋藏於心底，成了《奇蹟課程》說的「隱秘的罪咎、深埋的怨恨」21，如今，它看起來像在別人身上以及這個世界上。而我用來維繫這整個表相世界的武器，就是對他人的批判與責難。

白莎：完全正確！這都是小我佈好的局，讓你去批判與責難，好確保這一切繼續藏在檯面下惡性循環。小我正是如此存活下來的，將潛意識裡的罪咎投射出去。這樣一來，你的痛苦與不安就不可能是「自己」造成的，都成了「別人」的錯。小至人與人之間，大至國與國之間的關係，皆為如此。你特別珍愛之人或是休戚相關的盟國，或許還能倖免於難，其餘則一律歸罪於對方。然而，他們根本就不在那兒。雖然你確實看到，也感受到他們的存在，但這只能證明小我當初所佈的局有多精密。即使你責備的是自己，你又歸咎於什麼了？不過是另一具身體罷了。當你看著你的雙手時，你看到了什麼？只是被投射出去的一具肉體。當然，你會認為這具身軀十分特別，因為它就是你，但它不是。它不過是你投射出去的眾多身體當中的一個。你對著鏡子所看到的那具身體，與你在世界這面鏡子中所見到的其他身體，都同等虛幻不實。

葛瑞：所以說，這個世界與存在其內的身體都是分裂的象徵物，而這個分裂引發了一連串的罪咎，於是我想利用否認與投射來擺脫它？

阿頓：整個娑婆世界就是這樣來的，老弟，它是你的代罪羔羊。J兄在《奇蹟課程》中是這樣說的：「那就是上述錯誤向外發出的第一個投射。整個世界都是為了掩飾這一錯誤而形成的一道屏障，企圖遮掩你在自己與真相之間投射出來的屏障。」22

✵唯一的問題，就是分裂；唯一的解決之道，就是寬恕。

因此，你的任務就是化解心識中的罪咎，以返回天鄉。唯一的問題，就是分裂；唯一的解決之道，就是寬恕。我們日後仍會深入「寬恕」這個主題，大多數的人尚未看出「寬恕」的重要程度，致力於「寬恕」乃是人們的首要之務。

「真實的寬恕」意味著不再批判與責難。外頭根本就沒有罪或咎，這一切只發生在夢中，而夢是假的。因此，J兄在《奇蹟課程》中奉勸世人，不要將你在這世界中的人、事、境上所看到的罪與咎當真：「你無需稱之為罪，只需視為瘋狂，因它確實如此，而且始終如此。不要讓罪咎壯大了這一錯誤的氣勢，因罪咎影射出那錯誤已經弄假成真了。最重要的是，**你不必怕它**。當你好似看到那原始錯誤化身為一個奇形怪狀之物來恐嚇你時，你只需說，『上主不是恐懼，上主是愛』，它就會銷聲匿跡的。」23

葛瑞：真有那麼容易就好了！

阿頓：我們沒說過這很「容易」（easy），葛瑞。但真理的確很「簡單」（simple），小我營造出來的才複雜，因此需要用寬恕來化解。小我化解得愈多，你就愈能得心應手。你已經做得很好了。在往後的會面中，我們仍不時會回到「寬恕」的主題上。等我們跟你完成了這一系列的訪談後，你會知道如何面對各種境遇的，不只是理性上的了解，更是親身經歷的體悟。

要記住，倘若觀念離不開它的源頭，那麼你之所見就離不開你的心靈。倘若它果真在心靈裡，而心靈又是可以改變的，那麼心靈就是真實力量之所在了。J兄與佛陀之所以能成就，正是因為他們沒有被表相所騙。你之所以會營造幻境，就是想把它當成擋箭牌，隔在你與你的罪咎之間，然而，你一旦把它當真，批判它、責難它，你只是更鞏固它的地位而已。你中了小我的計，小我為了確保它自身的存在，早設下圈套讓你去批判他人。如今，你知道真相了，是結束這場鬧劇，返回你真正歸宿的時候了。你實際上仍在那兒，只是現在意識不到而已，儘管你夠幸運曾瞥見它的美。

我們稱「真實的寬恕」，因為它有別於這世界一般認定的寬恕。你的潛意識對這種寬恕會有抗拒，因為小我知道那威脅到它的存在，它寧可玉石俱焚，也不願坐以待斃。有些老師教你因應小我的方法是：與它做朋友、與它和平共處。其實那只會讓它更老神在在、穩坐大位而已。反之，一旦你練習了「真實的寬恕」這讓你超脫的不二法門，小我就沒興趣再與你為伍了。正如J兄說的：「**此刻你若提出這一反問，勢必嚴重威脅到小我的整套防衛措施，它會立刻翻臉不認人。**」24 你的任務就是別再巴結小我；你的任務就是運用正念（我們日後會談到）以化解小我。《奇蹟課程》說過「**救恩即是化解**」25。你該再加把勁了，哥兒。不只是為你自己，也是為了所有已準備好要聽的人。你準備好了嗎？

葛瑞：當然好了。

白莎：首先，別把這個由時空構成的娑婆世界當真，正因它的虛幻不實，你才保住你的純潔無罪。再者，不要把娑婆世界靈性化，不要把物質或能量靈性化。能量有時會讓你感覺像物質一般具體，這是基於你對它以及對你自己的認定。你既已認為自己存在一具身體內，身體當然會跟你說你該感覺什麼。然而，應該是你告訴身體該有何感覺才對。你不在身體內，身體是屬於心靈的。一旦心靈處於正見時，你就掌握了「因」，而非任憑「果」的擺佈。這樣，你就有了轉寰的空間，可以選擇聖靈與祂的答覆，而不再跟著小我的問題團團轉，如此方能返回滿全之境。因此，你在這層次上對事物的感受會隨之改變，聖靈會照料它背後更大的形上層次。

※不要把娑婆世界靈性化，不要把物質或能量靈性化。能量有時會讓你感覺像物質一般具體，這是基於你對它以及對你自己的認定。

此外，別搞混一件事：《奇蹟課程》與其他的教誨有層次上的不同。其他的教誨仍在這實際上並不存在的娑婆世界中大作文章，這無異於在一棟著火的屋子裡擺設家具。也許看來似有一時之效，其實是在迴避真正的問題。而《奇蹟課程》用的方法則是化解（undo），化解這一切幻相，回歸那唯一的實相。你要記住我們說過的話，整理出來，日後還會談其他問題。把握你演說與旅遊的機會，把它們當成寬恕的最佳題材。兩個月後我們會再回來。

接著，阿頓和白莎消失了，我仍坐在那兒回想著他們說的每句話，以及這些年來我生命中的曲曲折折。驀地我了解了每件事的發生，都是要讓我藉此化解這一切妄造的源頭，回歸我們真實的造物主那兒。不知怎的，我想起了過去那個身受脊椎側彎之苦、意志消沉的年少的我，我真想用現在所知的一切去解過去的種種心結。還好我活下來了，而且找到了聖靈，使我漫無意義的生命有了目標，也就是那終極而唯一的人生目標。

3 葛瑞的一生

如果一個選擇能帶給人平安與喜悅，另一個則帶來混亂與災難。只要有過切身經驗的人，哪還需要更多的勸說？[1]

接下來的幾個禮拜，我不時想起阿頓提到的「小我」。它真的是寧可玉石俱焚也不願坐以待斃嗎？我知道《奇蹟課程》是這麼說的：「因此小我在最好狀態下，只是猜忌狐疑，最壞狀態便會心狠手辣。因為它的能力僅限於此。」[2] 這聽來挺可怕的。還好《奇蹟課程》又說：「**不必害怕小我**。它得靠你的心靈才能存在，既然你曾因為相信它而造出了它，你也同樣可以不相信它而將它驅逐。」[3] 我能感受到，阿頓那句話不是為了要嚇唬我，只是讓我了解，我面對的是個什麼來頭的東西。畢竟，你若看不出問題在哪兒，怎麼可能解決它？我覺得《奇蹟課程》用「驅逐」（dispel）這個字眼還真有意思，因為我發現這個由時空構成的娑婆世界，是個威力強大且怪異荒誕的魔咒（spell），而我甘願受它的控制。我現在的任務就是「驅逐」它（譯註：隱喻「解除魔咒」dis（解）+spell（咒）），捨棄我置於它身上的信心，不再認賊作父。現在我已重置信心於聖靈那兒了，不過，這並不表示我不會再受小我的誘惑。

過去這大半輩子，我簡直一頭栽進了小我的誘惑裡。事實上，《奇蹟課程》說小我誘惑的具體形式，就是相信「神聖之子只是一具身體」[4]。為此，我就跟每個人一樣，打從出生就像個受害的小可憐蟲。投胎前的種種我全忘了，我深信不疑這具身體就是我生命的開始。這樣，我就不會是這一切的肇因，好似只能承受其果了。你瞧，我這一具身體不正是「別的」身體所「製造」出來的「果」嗎？那麼，這哪會是我的錯，我可沒求你把我生出來。全是我父母的錯，是他們幹的好事。好了，接下來的劇情發展可想而知了。但真相是：是我選擇要出生的，而我降生的世界，也是應我期盼而來的。

※是我選擇要出生的，而我降生的世界，也是應我期盼而來的。

我出生於麻州薩林鎮（Salem）。聽到這一鎮名可別想入非非了，三百年前薩林鎮上還沒有巫師，她們都是在七〇年代以後才搬過來的。不過這的確成了吸引觀光客的賣點。兩位上師跟我提過，薩林的「獵殺巫師」事件是「人類投射潛意識罪咎」極其殘酷的一個例子。總得找個元凶，什麼罪名都好，只要可歸咎他人就行了。但，種什麼因、得什麼果，遲早都會輪到自己當替死鬼的。

我媽媽懷我時是個童貞女，可惜她本領不夠。好啦，不鬧了，她不是童貞女啦。當然，J兄的母親也不是童貞女，不過那故事還挺可愛的。我是個提前兩個月出生的早產兒，體重不到三磅，存活的機率很低。在那種年代，那麼丁點大的嬰兒多半都活不了。他們把我塞在某個育嬰箱的角落，彷彿跟我說「看你的造化了，小鬼」，一丟就是好一陣子。那個時候的嬰兒可不像現在這般幸運能馬上和母親聚在一塊兒。太好了，深受其害的我，可找著了千萬個理由能夠怪罪這個世界。

我先天脊椎側彎，歪的幅度不小，但我卻到了三十一歲才發現自己這個毛病。我家沒錢，五〇年代，沒錢或沒保險的人家，是得不到什麼醫療照顧的。即使到了今天，這種現象也沒好轉到哪兒去。看吧，我們果真是這個世界的受害者。

現在回想起來，發現這脊椎側彎的毛病還真奪走了我所有的活力。脊椎變形成我這樣，是會阻礙精氣神的循環流通的。這就好似大腦在傳送訊息給身體時，電話線卻不通，訊息傳達不下去一般。當時的我並不曉得，下達命令給身體的是心靈，不是大腦。我一直飽受其苦。

因此，到了本該精力旺盛的青少年時期，我卻一點兒勁也使不上。我上學僅是基於「國民應盡義務」，不過，一年下來仍缺課三十多天，為此，校方曾揚言要把我踢出校門。放學回到家，我也多半呆坐在電視機前，什麼事都不想做。父母開始耽心起我來了：我的朋友全都出去找事兒做或者交女朋友，玩得開開心心的；我卻老是坐著不動，什麼抱負與企圖心都沒有。我覺得自己像個怪胎，我八成有問題吧？這可正中小我下懷了，內疚不正是懷疑「自己有問題」的那種感覺嗎？我確定當時的我患了憂鬱症，但六〇年代的人們哪懂什麼憂鬱症。現在人人都憂鬱，全美國人都在服「百憂解」！但那個時候的人只會說：「憂鬱？好端端的憂鬱個什麼？去找個事做做！」

還好事情有了轉機——英國樂團「披頭四」飄洋過海來到了我們美國。記得有一天，我走在麻州 Beverly 鎮（在薩林鎮北方，靠海，也是我度過前半輩子的地方）的街上，走進一家叫 Hayes Music 的唱片行，店內播放著音樂，讓客人試聽，以便決定要不要買。有個客人請老闆播放「披頭四」的專輯（這個新進崛起就迅速竄紅的團體，後來還應邀到蘇利文劇場表演），他點的那首歌是 She Loves You。聽完那首兩分半鐘長的歌後，我整個人都活絡了起來。George Harrison 的吉他聲打入了我的脊椎，在裡面上下竄動著，那種感覺真酷，以往我的脊椎是沒有任何感覺的。我當下清楚知道我想做什麼了。我要成為一名吉他手。

後來我果真成了吉他手。其實這也沒什麼好驚訝的。家父 Rollie 會彈吉他，而我叔叔 Doug 是新英格蘭首屈一指的吉他老師。他曾在全國廣播公司（NBC）演奏過，在電視機問世前，收音機可是炙手可熱的東西。假使他當初願意巡迴演出，很有可能會聲名大噪的。我父親也是頂尖好手，歌又唱得好。他們兩人都是四〇年代一個知名團體 Moonlight Serenaders 的成員，但基於家庭的考量，他們都選擇放棄巡迴表演的機會。後來，他們在新英格蘭一帶以此本領維持家計，時而獨奏，時而與不同樂團合奏。

我叔叔正是介紹我雙親認識的媒人。我父母很溫和，皆雙魚座，兩人一見如故，後來生了另一個雙魚座，也就是我。家母 Louise 和我外公也都是音樂人，但奇怪的是，我從沒想過要步上他們的後塵，直到我碰上了「披頭四」。George Harrison 是我第一個「世間」偶像。我模仿他的彈奏技巧，但基本功是跟我叔叔學的。我並沒有成為頂尖的吉他手。要想在任何事上出類拔萃，可得有極大的幹勁、精力和抱負，光靠天賦是不夠的。要有撲鼻的梅花香，是得歷經一番寒徹骨的。不過，我還稱得上是挺不錯的吉他手就是了。先天上，有了音樂世家的遺傳，加上後天日積月累的經驗，讓我在這方面還算挺成功的。

一九六九年高中畢業前夕，我碰到了一個進退兩難的問題。我不想上大學，我討厭學校，我實在無法想像他們竟有這麼大的能耐把如此美妙的課程搞得這般無趣。我也受不了那些專搞小團體、互不相融的人。我不要待在那種鬼地方，只想好好彈我的吉他。但越戰爆發了，每個禮拜約有上百名美國人戰死在那兒，還得加上上千名傷兵。

我沒什麼滿腔熱血想為國出征，卻得面對國家的徵召；我也不想上大學，但若不讀，便無法取得緩徵，等級會被列為 1A，那表示我隨時會被徵召入伍，送去越南。我沒有足夠的政治動機讓我想移民加拿大，或積極地找尋其他方法來逃避徵召。脊椎側彎的毛病也沒能讓我逃過一劫，因為我又不是有錢有勢的人，畢竟，腳既能走，仗就能打。一九七〇年三月，我果然被列為 1A。

我運氣不錯，一九六八年美國選出另一位總統，於一九六九年正式入主白宮，他就是尼克森

（Richard Nixon）。我瞧不起這個人，他競選時承諾自己有結束越戰的祕密方案。執政後，他的祕密方案不知藏到哪兒去，把越戰拖得比第二次世界大戰還久。我納悶，美國人民怎會笨到這步田地。

話說回來，他當家後，倒是幫了我一個大忙。他讓國會通過一個叫「徵召抽籤系統」（draft lottery system）的法案。這系統是這樣玩的：先在許多小球上編上日期，從一月一日編到十二月三十一日，然後抽籤，抽出順序決定了這些日期出生的人的入伍順序。也就是說，倘若抽籤結果，生日落到了前三分之一的序號中（1 到 122 號），那麼你鐵定會被徵召入伍；若落在中段區（123 到 244 號），那麼入伍的機率是一半一半；若是落在後三分之一（245 到 366 號），你可能就逃過一劫了。

一九七〇年七月一日抽籤系統決定了我的命運。記得我是這樣禱告的：「上帝，求求你保佑我，讓我的生日落在 300 號左右，我就不必再耽心這種鳥事了。」抽籤結果，我的生日三月六日排在第 296 號。十九歲的我總算鬆了一口氣，我挺走運的，不用再耽心會不會被徵召入伍了。從此我就自由自在地彈著我的吉他，過著幸福快樂的日子，對吧？

才怪，這個世界哪可能這麼單純。在這個由時空構成的娑婆世界中，你一旦解決了一個問題，它就會再生出另一個問題來。這是它設定好的程式，好讓你在世間這個沒有解答的地方繼續尋找答案。表相上出了問題的是這個世界，實際上是我們的心，正是這顆心妄造出那唯一最根本的問題。

好了，我咎由自取的下一個麻煩是：我開始酗酒了，愈喝愈多，後來還染上大麻。我大概整個七〇年代，就是這副德行。我知道那不是件好事，根本是在糟蹋自己的生命。我不怎麼彈吉他了，還常常爛醉如泥。我是個不成材的兒子，活著只為了虛擲下一刻生命。雙親在七〇年代相繼過世，一想到我荒唐不羈的行為、曾忤逆過他們的話語，我就愧疚萬分。

在那段陰鬱的歲月裡，我試過幾種方法處理我的煙酒問題，雖然說實在的，我並不覺得吸大麻給我帶來多大「麻」煩。我從沒有因為抽大麻而惹事，酗酒才會。但不知怎的，我對戒酒協會沒多少好感，雖然我知道它曾幫助過許多人。我酒雖喝得多，倒是沒有喝個不停，可能因為這樣，我才沒成了酒鬼。不管怎樣，我還是覺察到自己不太對勁了。

我試過的方法之一，就是「重生」（born again）為基督徒，但沒多久就熱忱漸退。後來我又試了一次。老實說，七〇年代這段期間，我這隻「迷途羔羊」重生了好幾次。進入教會的好處是可以接觸到《聖經》。讀《聖經》其實挺有意思的，裡頭的許多思想我都十分贊同，覺得很有道理，好比「上帝是愛」這個觀念。甚至還提到「上帝是完美的愛」，這更是「完美」得沒話說。但問題是，《聖經》的某些地方卻讓我有一種「上帝是個劊子手」的感覺，祂殘暴、易怒，甚至還會向人類報復。這實在是說不通，祂怎會是個「雙面人」呢？

※在這個由時空構成的娑婆世界中，你一旦解決了一個問題，它就會再生出另一個問題來。這是它設定好的程式，好讓你在這個沒有解答的地方繼續尋找答案。

《聖經》裡有太多相互牴觸的說詞，很難取信於我。然而，每回我讀到有關耶穌說話的部分，好比福音裡「山上寶訓」那關於愛與寬恕的美妙片段時，我又確信它是真理。不僅如此，裡頭所提到的J兄聲音的特質，令我頗感熟悉，好似我認識他一般。說不上什麼原因，我覺得他像是個能夠談天說地的朋友。這無關乎宗教，我向來就不是什麼宗教人士。我總自嘲冬天是個佛教徒，夏天成了天體族。儘管我不是個虔誠的基督徒，我卻不曾懷疑自己與J兄有緣，至今仍是如此。

即使後來阿頓和白莎出現了，在他們來訪以外的時間，我還是比較喜歡跟J兄說話。對我來說，他就是聖靈的化身，當然，阿頓和白莎也是聖靈的化身。不知為何，我老覺得與J兄有緣，直到後來在《告別娑婆》接近尾聲時，阿頓和白莎才解了我心中這個疑惑。

經過兩次的洗禮儀式，短暫逗留在宗教團體後，我又開始酗酒了。要不是因緣際會下參與了一場從加州傳來新英格蘭，為期兩個週末的名為 est 的訓練課程，我恐怕一輩子也戒不了酒。這個課程是由 Werner Erhard 結合某些如禪宗、山達基教派的訓練課程所發展出來的。他成功地融合了高層次的形上觀念，深入探討心靈的運作模式，並設計出一些練習讓學員去體驗。我於一九七八年十二月在波士頓東邊的 Ramada Inn 接受了這個訓練，那是將我引上靈修之路的轉捩點。七〇、八〇年代我想都沒想過靈修這回事，但回顧以往，卻發現聖靈無時無刻不在我的心內作工。後來，這個 est 訓練課程被人買走了，形式上也有了很大的轉變。

est 的其中一個主題是「為自己的生命負責，別再當個受害者」。它的幾個觀念，我後來在

《奇蹟課程》中都看到了更為詳盡的解說，好比〈練習手冊〉中的：「我不是眼前世界的受害者。」[5]

est 也對「小我」有所著墨，是從佛教的觀點切入的，它同時也解釋了心靈的生存機制，並說明實相為何不是我們所認定的那樣、何以我們肉眼所見並非真實、我們看不見的那一切反倒較為真實等等。它算是靈修與形上學的絕佳入門，也在實際體驗方面帶來了重大突破。

我在練習 est 時，有了生平第一次的神祕經驗。我們這一組二十人被叫到台上去，站在其餘的兩百人面前，靜默不動，只能注視著底下群眾。幾分鐘後，我從頭細看眼前這群人時，覺得房裡的每個人好似都在緩慢移動著。有了許多類似的經驗後，我發覺有個難以言喻的直覺會告訴你那些經驗的意義。說不上為什麼，你就是會知道。

那次看到人群緩慢移動的超現實經驗，雖然只持續了一分鐘，卻讓我有了一種體認：這是我造出來的。掌控著時間和空間的人是我，我可以要它加速運轉或減速慢行。我是運轉時間的人，而非受時間所限。時間來自於我，而非衝著我來。這可把因與果整個倒轉了過來。這個極棒的經驗只是我在學習這類課程的開端而已呢，它是我第一個神祕經驗。我的神祕經驗多半都是視覺型的，因此總能讓我留下深刻的印象。

做了 est 訓練，並負起生命之責後，我的潛意識開始轉變了。一般人總認為是意識中的信念支配著他們的生命，只要把負面念頭轉變為正向思考，就可以掌控他們的心靈。但以宏觀的角度來看，這種說法大有問題。它僅能有一時之效，因為真正支配著我們的，是潛意識中的信念，是檯面下的那堆東西。《奇蹟課程》則告訴我們真正的治癒之道，教我們如何化解深埋在潛意識中之物。很少心靈學派觸及這個層面。而這個教人認出因與果之不同的 est 訓練，確實對它的參與者（包括我）的潛意識產生了影響。不過它和絕大多數的法門一樣，對人生缺少全面的透視，也沒有化解小我的捷徑，這些我都是在與那兩位高靈朋友互動了幾年後才了解的。

〔註：est 是在一九七四年發展出來的，《奇蹟課程》則是在筆錄了十一年後，於一九七六年出版發行。但我到了一九九三年初才接觸到這本鉅著〕

淺嚐到真實力量的滋味後，我在潛意識裡下了一個決定：我要改變我的生命，我一定要好起來。當時我雖沒有意識到自己暗地裡下了這個決定，但它卻真的在我的思想與行為上顯出結果來了。幾年後，我簡直變了一個人。我和朋友 Dan Stepenuck 組了個樂團，Dan 是個很棒的歌手，我們以前在別的樂團共事過，但這回我們多了份承諾與約束。當初介紹我去作 est 訓練的就是 Dan。我們這個團體非常傑出，我原本不怎麼工作的，後來卻幾乎每晚都工作，甚至週末還常常連趕兩場。我也負責安排樂團行程，後來也為樂團簽得了兩年約。我們在新英格蘭一帶漸漸竄紅，我也有了不錯的收入。成功其實挺好玩的，走在路上會有人因為看過我的表演而認出我來，而我的親戚也不再認為我是個怪人了。

於是，我在八〇年代連續過了二十年「有意義」的人生，彌補我蹉跎掉的那十年光陰。我到野外參加各種活動，過火、跳傘等等，只要時間允許我都玩，把我錯失掉的快樂全找回來。我不知道這只是場夢，以為它是真的，還打算好好把握這段良辰美景。

在樂團待了幾年後，我遇見一位我喜歡的類型的女孩，她叫凱倫。多年來，一碰到女孩我就十分害羞。十四歲時，滿臉的青春痘毀了我的自信，從那時起，我就不太敢靠近女孩、更別提搭訕了。但不知怎的，凱倫和我一見如故。我們對彼此都感到十分自在，認識了一年又五個月後，就步上紅毯了。婚姻是門難修的功課，我日後在公開演說時曾提過，我和凱倫都是彼此最佳的寬恕對象。

「我要好起來」的這個決定在一年後發酵了。我聽說有一位名叫 Bruce Hedendal 的整脊師在 Gloucester 執業，他也幫波士頓芭蕾舞團的舞者整脊。他的確是這方面的翹楚。當時的我，即使在做有興趣的事，身體仍有力不從心之憾，於是我找上了他。他說了說我脊椎的概況後，拿出一面鏡子，讓我看看脊椎側彎的情形，我以前可從沒瞧見過呢。Bruce 開始為我做治療，不過短短兩個月，我就好了一大半。不是所有的整脊師都這麼了得，我卻夠幸運能巧遇明師。可惜的是，兩年後 Bruce 搬去了佛羅里達州。不過，在他的協助下，我的活力已大大提升，做事時不必再受折磨了。我的脊椎側彎並沒全好，直至今日，我仍不是個挺有活力的人，也許以後也不會是。但一九八二那年，我已能正常地行住坐臥了，對我來說，這簡直就像個奇蹟。

八〇年代，我的靈修腳步開始加快了。說件事給你聽，你就會知道我當時在靈修方面有多麼生嫩。有一回，我參加了在波士頓 Bradford 飯店舉行的 est 研習會，在四人的小組討論時，大夥兒彼此分享經驗。坐在我對面的是一位十分幹練且聰明的女性，她在哈佛大學任教；我得承認，她的成就與教育背景的確震懾住我了。突然，她提到一位名叫 Jane Roberts 的女性，及 Jane 所「通」上的一位「高齡」數千歲的「高靈」。這位高靈「賽斯」一直透過那名女子傳遞出啟迪人心的訊息。

記得當時我看著這位教授，心裡狐疑著：「不會吧！她怎麼可能相信有這種事？」二十三年後，竟然換我站在眾人面前，說著有關兩位高靈上師出現在我家客廳的事。我不禁想，恐怕底下也有人正狐疑著：「不會吧！他怎麼可能相信有這種事？」

接下來的幾年，我涉獵了一些靈修書籍。我不是個常看書的人，卻挺熱中這類書籍。在拜讀佛教、印度教及道教的相關經典時，我竟發現自己早已懂得其中大部分的教義。讀到輪迴的觀念後，我才明瞭，原來那是因為我累世已鑽研過這些思想，只是此刻它們勾起了我內在的記憶。

一九八三年（家母已過世四年、家父七年），我作了一個非常真實的夢，就跟我所有的經歷一樣真實。我夢見父母一同來找我，他們靜靜地走到我面前，我們三人無需任何言語，只是緊緊擁抱在一起，好久好久。那一刻充滿了愛。我可以感受到他們的存在，每個觸碰都極為真實。他們彷彿用愛告訴我：「沒事的，一切都沒事了。」他們原諒了我、寬恕了我，且一直深愛著我。我知道他們了無牽掛，早已寬恕了一切。這個經驗並非表示我已全然寬恕了自己，而是象徵著一座待我跨越的橋，要我藉此明瞭我無需再緊抓著內疚不放、含「疚」以終。我知道他們只願我幸福、願我活在愛中，這份美麗與釋放，成了我往後路上一股支持的力量。

我也開始冥想打坐了。我沒有仿效別人的冥想方式，而是摸索出自己的方法，我心裡隱約知道怎樣做最適合我。不過，那個時候我並沒有花多少時間，未能更上一層樓。後來我才精進一點。

接下來的幾年，我的「第三眼」視覺能力更強了。每當晚上就寢，眼睛已閉上，而意識卻仍清醒時，總會看到影像，就像在看電影一般，一幕一幕地呈現在眼前。場景好似是前幾世，往往還聽得到聲音。有時候我還知道影像中的某個人，正是此世我所認識的某個人。景象多半十分鮮明。有一幕是美洲印第安人狩獵、族人交談與河邊漫步的情景；有一幕是在船上；有一幕則是在小屋內的壁爐旁。

我當時並不全然了解我所見的景象與它們的時代背景。聖靈並不像我們想像的，事先給我們預警。聖靈只是在前頭引領，並留下線索，我們得甘願接受這個「本來如是」的經驗才行。我們好似在不同時點會拿到拼圖的某幾塊碎片，待心靈準備妥當，時機一旦成熟，便能拼湊出完整的圖案。

這類經驗有時十分美妙，使我動了念，想好好發展我的精神生活。在 Hush 這個樂團（可別跟今日那個 Hush 樂團搞混）待了七年後，我赫然發現我並非真的快樂。這幾年來，幾乎所有想做的事我都做遍了，卻仍覺得有所缺憾。我不清楚所缺的是什麼，只知我得找出它來。這點發現令我挺不安的，因為，過去我什麼都不做，我不快樂，如今我什麼都做了，仍舊不快樂。到底我可不可能得到真正的快樂啊？

一九八七年八月天文發生了「九星連珠」的現象後，我做了個決定，打算改變人生走向。九星連珠這類行星排列的奇景，表面看似發生在天上，實際上它只是個象徵。它其實是潛意識裡的東西顯現在天空中而已。這類現象出現時，人類總會在集體意識中做出某些決定，也許會想改變心態或目標，甚至更換住所或工作。我發現我不想再過這種疲於奔命的生活了，我想找個靜謐的地方，讓自己沉澱下來。

由於我簽了不少合約，只好在樂團多待兩年。一九九〇年初，我開車載凱倫以及我們的狗Nupey搬到緬因的Poland Spring小鎮。它離麻州的Beverly不過一百二十哩遠，卻是個截然不同的天地。緬因北部的生活步調與模式又慢又單純，一點都不像麻州節奏快又複雜。它是美國境內樹木最繁茂的州，有百分之九十的土地都是樹。那兒空氣清新、水質乾淨，也是美國犯罪率最低的地方。

如果我要的是平和與寧靜，我真來對地方了。但若想在這兒找錢，那可得失望了。初來乍到Poland Spring時，大致想過要創業，圖個生計，卻發現這兒人煙稀少，連個柏油路都沒有。我是該在來這兒之前多作點功課了解這裡的情況的，但麻州的生活實在是耗掉了我絕大部分的時間與精力。我做過金融市場的交易員，但不論再怎麼努力學習、加強這方面的知識，經濟上仍舊入不敷出，更遑論有什麼利潤可圖了。後來手頭現金愈來愈緊，令我十分沮喪。

倒是冥想方面我有了很大的突破，能在冥想時萬念俱泯，進入全然寂靜的狀態。心靈這般寧靜時，我偶有一種跟內在深層的某個東西連結上的感覺，它是在意識層面下的廣大集體意識（猶如冰山一角下的整座冰山）中。這些體驗難以言傳，我彷彿與某個偉大到不可思議之物連結。我並不很了解那是什麼，但我感受得到它。嚐到了這個甜頭後，我便把冥想當成每日的功課。

我的冥想常幫我暫時由混亂的生活中抽離出來。不久後，我發現我並不是真的喜歡緬因與它的嚴冬。我根本是個都市大孩子。我有時挺納悶自己怎會跑到這鬼地方來，殊不知緬因卻是促成後來這「一大事因緣」的絕佳之地。前三年，經濟壓力非常大，我們夫妻倆常為此吵得不可開交。這與我冥想時的寂靜成了極不搭調的對比。這個世上恐怕再也找不出第二個能像她這般招招刺中我要害的人了。有時候我真想豁出去，搬到夏威夷的海灘去。打從七〇年代以來，我的生命就沒這般狼狽過，但心裡隱約有個感覺要我撐下去，還有個想法不時浮現心頭：「這一切一定有它的原因」。

一九九二年秋天，靈修了十四年的我，總算理出個頭緒：我唯一要做的，就是清除我生命中的衝突。所有爛醉如泥跌進臭水溝裡，卻幸運地撿回一條小命的酒鬼，都會跟自己說些類似這樣的話：「一定有更好的路可走」。

一九九二年底，住在緬因三年後，阿頓和白莎出現了。此後，我才明瞭我來緬因的目的。設若我是在別的地方，這些事件、這一大事因緣恐怕就不會找上我了。世間沒有「巧合」這回事。這些年來，生命中的點點滴滴讓我體認到一件事：當事情的演變不如我所願時，就是該停止質疑，學習信任的時候了。

二〇〇四年四月，我再度去了加州，拜訪舊金山以及南部。我投宿於好萊塢 Sunset Strip 街上的凱悅飯店，一天正要搭電梯到頂樓游泳池區遠眺四周風景時，突然有四個人靠過來，其中一名女子插隊到我前面，跟我說：「你可以搭下一班電梯嗎？」我楞了一下，在打量了他們一行人之後，竟發現其中一人正是 Little Richard，偶像級的搖滾巨星。八〇年代，我作過不下三千場次的吉他演奏，因而十分敬佩那些有成就的樂師。於是我答道：「當然可以，請便。」我知道那名女子的責任是幫 Little Richard 擋歌迷與記者的，我很樂意讓他們先搭電梯。

結果，酷事發生了。Little Richard 見狀，竟靠過來問我：「真的沒關係嗎？」我答道：「沒關係的，能見到你真好。」接著，這位傳奇人物就直視我的眼睛說：「我也很開心見到你。」之後，他進了電梯。我心裡翻滾著：「哇！方才跟我說很開心見到我的人正是 Paul McCartney 在 Long Tall Sally 節目中模仿他聲音的『本尊』耶！」那一刻有趣極了，我馬上就覺得那是個很棒的會晤。回到家後，我還特地去租了一部舊電影 Down and out in Beverly Hills，因為 Little Richard 在裡頭飾演一位極為優秀的搖滾巨星鄰居。

四月底，是阿頓和白莎答應我要來的時間，我知道他們從不爽約。

白莎：嗨，上主之師。最近忙些什麼？

葛瑞：你知道的，就跟平常一樣，幫病人治病，幫死人還魂。

白莎：你還喜歡加州吧？

葛瑞：喜歡極了！我想你一定也知道，這回我逛了更多地方。那兒真的很棒。

白莎：很好。你還會去好幾次，好好玩吧！

阿頓：這回我們來，會把焦點放在一些基本觀念上，因為我們希望你能時時清楚記得自己的源頭。好比《奇蹟課程》的導言有云：「**凡是真實的，不受任何威脅。**」[6] 說說看，這句話是什麼意思？

葛瑞：嗯。所謂的真實，指的就是靈性，也就是上主與基督。在天堂，你與上主一般無二。只要我們還認為自己屬於這兒，我們便需藉助文字的引導，直至超越所有文字。如同我們所知的，如上主一般的靈性是恆常不朽、百害不侵，不受世界任何一物的威脅。正因它的完美無缺，故得以永恆不易。正確來說，它根本是這世界所不可及的。那正是我們的真實面目，我們的實相不可能受到任何威脅。儘管表相上我們好似活在這兒，我們仍不難體驗到那個真相。

白莎：那麼，導言中另一句：「**凡是不真實的，根本不存在。**」[7] 又是什麼意思？

葛瑞：所謂的不真實，是指舉凡「非」永恆不易、完美無缺、恆常不朽、百害不侵之物。顯而易見的，身體就是屬於這個層次。我在外頭所見的一切形體並不真的存在，他們不過是我心靈的產物而已。除非心裡明瞭了這些形體的虛幻不實，我才能體驗到自己這具肉體的虛幻不實，進而了解那個不受任何威脅的，才是真實的我。

阿頓：理路很清晰。其實你這一路上都做得很好，連我都望塵莫及。好啦，那樣說只是想讓你樂一下而已。

葛瑞：真愛開玩笑，你這個最沒有聲望的門徒。說真的，這一路上我玩得很開心。我覺得自己像是Blues Brothers那部片子中的Dan Aykroyd，身負某種上主的使命。

阿頓：太好了。只要記得別太當真就好。

白莎：《奇蹟課程》導言接下來的那一句是：「**上主的平安即在其中。**」8 這意思已夠清楚，不用多作解釋了。我們提到導言，是為了強調：所謂的寬恕，實際上就是個「選擇」。選擇什麼？選擇哪一個才是真正的你。你是獨立於上主之外的某個個體嗎？你真的屬於這個世界嗎？你是這具難逃一死的肉體嗎？亦或，你是靈性，與你的終極根源一體，永恆不易且恆常不朽，全然百害不侵？倘若你是後者，那就無可寬恕了；只有肉體才會有怨，尤需要寬恕。寬恕就是一種選擇：在你決定他人身分之際，也為自己選擇了自我的身分。

> ※寬恕就是一種選擇：在你決定他人身分之際，也為自己選擇了自我的身分。

《奇蹟課程》是這麼說的：

他內的一切都是永恆不易的，你必須先接受他的真相，才可能認出你生命的不易性。你生命的神聖本質也非他莫屬。你唯有先看到他內在的神聖性，這神聖性才可能回歸於你。9

小我（也就是渴望有個特殊獨立身分的那部分心靈）要你視他人為獨立的個體，好延續它自身的存在。但小我不是你，只要你仍視弟兄為可朽的身體而非完美的靈性，你就是選擇了小我的思想體系，而稱了它的心。《奇蹟課程》又說：

你若認為矚目弟兄的身體遠比著眼於他的神聖性容易得多，不妨再深思一下，究竟是什麼觀念讓你作出這種判斷的？10

讓你作出這種判斷的正是小我，而聖靈要做的，就是設法讓選擇了小我的那部分心靈重新選擇：

重新選擇你希望他成為什麼樣的人吧，請記住，你所作的每個選擇同時決定了自己的身分，從此你不只會如此看待自己，而且深信不疑自己確實是這樣的人。11

葛瑞：好好好，我聽到了。只是知易行難啊！

阿頓：很少有人心靈能像耶穌那樣，訓練有素、貫徹此一選擇，甚至寬恕自己肉體的死亡。因此，尼采才會說：「只有一個基督徒，而他已死在十字架上了。」

關鍵在於心靈的訓練。試問這世間有多少人已真的將心靈訓練到只存正念的地步？百千萬人難覓一人。因著佛教與《奇蹟課程》的流佈，現在這樣的人已比歷史上的任何時代來得多了，不過，現在人口也比以前多就是。

這點出了《練習手冊》的重要性。《奇蹟課程》也說了，我們必須親自操練《練習手冊》中的練習，才可能達成此課程的目標12。人心常模糊焦點，盡繞圈子迴避《奇蹟課程》的真義，致令我們誤解《正文》的意思。他們故意忽略《奇蹟課程》毫不妥協的理論（我們日後會再深入討論），只是雞蛋裡挑骨頭，或斷章取義以迎合自己的論調。然而，《奇蹟課程》的每句話都是環環相扣的，必須整體去看，才能正確地了解課程中肯而絕對的理論。

操練《練習手冊》有助於學員全面性地應用《奇蹟課程》的教誨，不致掉入「見樹不見林」的陷阱中。它遵循著《正文》的宗旨，一步一步地訓練我們的心靈思考。光是閱讀《正文》而沒有操練《練習手冊》，不算修《奇蹟課程》。《奇蹟課程》自己就是這麼說的。在《教師指南》中，J兄談到教師在一天之始應花多少時間與上主共處時，他是這麼說的：

> 「這完全取決於上主之師的個人需要。他必須操練過整部《練習手冊》，才配稱為上主之師，因為我們的操練是以本課程為基本藍圖的。」13

葛瑞：糟糕，我竟忘了有這回事。我練過《練習手冊》，但只練完一次。這樣夠了吧？

白莎：當然夠。你每一課都操練過，而且一天不超過一課。《練習手冊》要求的不過如此。我知道你又要從頭操練了，大體上你要注意的，就是在操練完後再複習一下。讀讀不同章節是很有幫助的，具提醒之效，可防止小我趁你一不注意又故態復萌。

阿頓：記住，凡是不朽的皆為永恆，可朽之物僅能短暫存在。我們之所以說這個娑婆世界會消失，原因即是，當你由夢中醒來後，夢自然就消失了。它之所以可能消失，正因它打從一開始就不是真的。但有些人卻以為那意味著他們的失落。

葛瑞：不過就是失去一個大宇宙。

阿頓：也不是真的宇宙。重要的是你悟入的境界。這個由時空構成的娑婆世界並非永恆，你悟入的境界才屬永恆。你不朽的實相是恆常的，它從不變易與浮動。人們需要了解的是，他們真實的生命畢竟比他們自己所認定的要好上幾倍。

葛瑞：嗯，你的意思是說，每回我選擇用聖靈的眼光來看待弟兄，而非用小我的眼光來看待他們時，我就是往天鄉邁進一步了。

阿頓：沒錯。這讓我想到了印度教對於化解小我的比喻，它說那個過程就像是剝洋蔥一般。以《奇蹟課程》的用語來表達，即是：你寬恕了某個人，就像是剝了層洋蔥皮、卸下了一層小我一般。不過，也許你會覺得什麼事也沒發生。為什麼？因為去了層洋蔥皮後，仍是洋蔥一顆，雖然外觀看不出任何變化，但實際上它已經不一樣了，因為已有一層皮剝落了。

好，假設你很有毅力地持續操練，而偶有一些平安的經驗鼓勵你繼續前進；或者你察覺

※每回我選擇用聖靈的眼光來看待弟兄，而非用小我的眼光來看待他們時，我就是往天鄉邁進一步了。

到以往讓你心煩意亂的事情，如今卻能泰然處之了。霎時你明瞭，這是因為在你操練寬恕之際，聖靈治癒了你的潛意識。你因而更有動力繼續操練、不斷寬恕，於是，又一層洋蔥皮剝落了。外觀上，可能沒什麼變化，你攬鏡自照時，也許仍是老臉一張，其實，你已改變了。

亦或，在看電視時，你寬恕了某個新聞事件，使得那洋蔥又掉了一層皮，你卻可能什麼感覺也沒有。然而在此同時，聖靈正透過你那投射出整個娑婆世界的心靈（祂就地利用心靈的投射），將你的寬恕照向每個角落。它像雷射光束一般，截斷你潛意識中的罪咎，以及罪咎所投射成的業。它照透了你整個過去世與來生、各個次元的時間，照透了這個由能量與形體所構成的娑婆世界，以及整個三千大千世界。這是多麼驚人的效果啊！你不過坐在那兒，聖靈卻已在瓦解「時間」這個東西了。

因著你的寬恕，有許多功課你已不需要修了，實際上，聖靈正在清除你的錄影帶，消去你累劫的時間（這些時間原本藏著許多有待你學習的功課，假使你沒有操練寬恕的話），使你的累劫頓時煙消雲散。由於你無法像聖靈那樣無所不知，你便會坐在那兒嘀咕：「這一點兒都不好玩，什麼事都沒發生嘛！」其實，不可思議之事正進行著，洋蔥已一層層地剝落，小我也漸漸消失了。

只要你願意鍥而不捨地繼續操練寬恕，有朝一日，你會到達洋蔥的最內層。一旦剝去了那層，整顆洋蔥就不見了。小我的下場就是如此。你最後一個寬恕功課一過，小我就會消失不見，它被化解掉了，再也不會感到與真我的衝突了。如此，怎麼還有輪迴之因呢？「操練寬恕」正是我們不斷指導你的了斷輪迴之道。

葛瑞：這又接回了導言中的另一段話：「它旨在清除使你感受不到愛的那些障礙。」14

白莎：完全正確！那正是你選擇了聖靈以取代小我後，必然會發生的事。每一回的寬恕都在化解小我，聖靈方能藉此機會清除那些妨礙你體驗到上主或聖靈的障礙。這些障礙就是心靈中阻隔你體驗到你本來面目的一道道罪咎之牆。

葛瑞：我在每回工作坊開始前，總會默念導言，與J兄連結，然後跟他說：「我的真實面目與你一般無二。『凡是真實的，不受任何威脅』所指的靈性就是我的本來面目；『凡是不真實的，根本不存在』這包括了眼前所有我認為來聽我講課的身體，如果它包含了這些身體，它勢必也包含了我這具身體。倘若我不是一具身體，我何須防衛又有何好耽憂的呢？」我每回都會這樣默禱。

白莎：非常好。我也很喜歡你有些時候會採用〈正文〉第二章「**我在這兒，純粹為了利益眾生**」那段。那是邀聖靈進駐，請祂照料這一整天的禱詞，十分有效呢！

葛瑞：嘿，原來你一直在監視我！

白莎：要不，你現在把它背誦出來？它是J兄在海倫早期筆錄《奇蹟課程》時送給海倫的話，但實際上是送給比爾的。當然，終究說來，這段話是要給每個人的。話說當年，比爾得在普林斯頓上台向一群精神病專家發表演說，但他不是那種能上台侃侃而談的人。他跟你很像，十分內向，大部分喜歡神祕學的人都是這樣。他們慣於內修，不擅於外顯。那個時候，比爾想起了J兄這番話，於是他整個人放鬆了下來，因為他知道聖靈就在身邊隨時接手。

葛瑞：好吧。這段話大概是這樣，不，這段話「就是」這樣：

我在這兒，純粹為了利益眾生。

我在這兒，只代表派遣我的那一位。

我不擔心自己該說什麼或做什麼，派遣我來的那一位自會指點迷津。

祂希望我去的地方，我必然欣然前往，因我知道祂與我同行。

只要我肯用祂的方式去治療，我便療癒了。**15**

阿頓：好了，現在我們再增加一個得到靈感與啓發的方法：與聖靈結合。就這麼簡單。讓聖靈當家作主，你就不必再背負任何責任與內疚了。讓它成為聖靈的責任，你的書也該當如此。當然你的寬恕功課作得愈多，你就愈能釋放內心的障礙，而聽到聖靈的聲音。你愈常利用我們提過的真祈禱方式來練習，靜靜地與上主結合，你就愈能清明地聽到聖靈的指引。有意識地與靈性結合吧，只要有需要，隨時都可這麼做，無論是自助或助人。

但是要記住一點：聖靈不見得會以「聲音」的方式示現於你。祂可能以別種形式顯現，好比，直覺、一個想法或一種感受；你也可能在無意間由他人口中聽到答案。祂也可能在夢中指引你。聖靈的示現不拘泥於任何形式，你得隨時保持開放。

葛瑞：沒錯。我覺得我還挺開放的。沒記錯的話，你們兩位當初可是「憑空」冒出來的。嘿，你們可還記得第一次出現在我面前的情景？我當時連腦袋該想什麼都不曉得哩！

白莎：是啊，不過我們知道你心態上已準備好了。

葛瑞：你們看起來那麼的祥和，叫人如何設防？還有你們說話的神情，可真叫我著迷！說也奇怪，那一切發生得竟是這般自然。我就只是很自在地跟你們說話，連該有什麼感覺都忘了，一兩分鐘後回神過來，才覺得奇怪——天啊，這兩個人是「憑空」冒出來的！接著你們說了些話，我們交談了一會兒後，我又覺得一切正常得很。就這樣聊了一陣子，我腦子才又突然閃過「天啊，這兩個人是『憑空』冒出來的！」可真是詭異。

阿頓：也許真的很詭異，不過我們此刻出現在你面前的這個事實，可不比你以為你此刻出現在這兒的這個事實奇怪到哪兒去。雖說我們形體的出現方式，不是你習以為常的那種，但它絕對不比任何一具身體的出現來得奇怪。我們與其他身體最主要的不同在於，他們是基於分裂的念頭所投射出來的，而我們的形體則是由正念（也就是屬於聖靈的那部分心靈）投射出來的。我們只是用一種你們能懂的形式出現，為的是要教你們認清所有的分裂全都虛幻不實。我的意思並不是說投射出我們這兩具身體的是聖靈，實際上它們是源自表相背後的聖靈之愛，只是透過心靈的正念賦予了那份愛形式而已。關於聖靈之聲，也是同一道理，你可能聽起來像是某個說英文的人，然而聖靈「並非」是那個說英文的人，那聲音背後的愛的確出自聖靈，但聲音的形式卻是由分裂的心靈之正念那一部分所賦予的。

提到正念，我們要給你兩個寬恕禱詞讓你去操練。希望你將其中一個運用在自己身上，另一個則試著運用在你視為身外的那些人。實際上，你與他們全是同一回事，而我們會作此分野，是想讓你在身邊無人時也能有個對象可操練。當你獨處時，可運用第一個禱詞來想像你自己。亦可在照鏡子時做此練習。這都是你運用第一個禱詞的最佳時機。請隨我念：

我是不朽的靈性，

這具身體只是個形象，

它與我的真實面目毫無關係。

葛瑞：我是不朽的靈性，這具身體只是個形象，它與我的真實面目毫無關係。好，我會試著運用看看的。

阿頓：很好。你是習慣性地把潛意識的罪咎投射到他人身上，喜歡把錯怪到別人頭上的那種類型。然而每個人都有自責的時候，這個禱詞就是運用在這種時候。當你在狠批自己時，請記得這個寬恕禱詞。這對於習慣性自責的人來說尤其有幫助。有些人老是把潛意識的罪咎投射到自己身上，而非他人身上。這讓我想到另一個令人不安的問題。

自殺是這世間最大的問題，也是不被容許的。它是小我見不得人的秘密。人們當然都知道自殺這回事，但卻不曉得它的涵蓋面有多廣。你可知，因自殺而死亡的人，比所有戰爭與刑案兩者加起來的死亡人數還要多；你可知，消防人員死於自殺的比例遠大於火場中殉職的。但是沒人探討這個問題，也沒人去檢視它。倘若有人罹患憂鬱症，這世界的一貫作法就是給他們藥吃，而不去探究原因。那是因為小我不想去看潛意識中的罪咎，也就是自殺的真正肇因。小我躲得很快，看都不看一眼。

在日本，有好幾群網路上結識的青少年，搭著小貨車出去，集體自殺。這類事件後來也傳染到歐洲。我想你一定猜得到美國父母怎麼因應這種狀況。

葛瑞：當然。他們一開始先嚇壞了，接著就逼更多人吃藥。我真的很訝異，美國人民讓那些特定人士賺走了大把鈔票，卻從不質疑藥物的有效性。可見那些藥商和這個政府把人們的腦子洗得多徹底。哎，我又離題了。

白莎：別忘了，有些藥物確實有短暫性的功能。畢竟，能夠受得了「一勞永逸」的治療方式的人並不多。那對他們的小我威脅太大了。一受到威脅，小我就會抓狂，再找其他可能更激烈的手段來傷害他們。別忘了，二元的特色就是有好壞兩面。那些藥商確實給人們洗了腦沒錯，在你的國家，人們常投下對自己不利的選票。但無可否認的，的確有很多新型的藥物幫助了人們（尤其是老人家）免受以往的痛苦。假使你的父母能有今日某些藥物可用，他們就可以少受點苦、多過些舒服日子了。他們尚未完全準備好接受「境由心造」這一事實。別只看壞的那一面，你的目標可不是成為憤世嫉俗之輩，而是成為滿懷愛心之士。

葛瑞：說得好，我懂你意思。

白莎：最根本的治療方法，當然就是「寬恕」了。我們先前也提過《奇蹟課程》一個非常重要的觀念：**「救贖的目的不在治癒病人，因那稱不上是一種治癒。救贖能除去導致疾病的內疚。那才算是真正的治癒。」——16**

葛瑞：一般人聽到自殺消息時，好像就只是聽到而已，不會去探究它的前因後果。

白莎：是啊。說到這點，《奇蹟課程》不只提到了潛意識的罪咎，它還是世上唯一一部深入探討罪咎的課程，它也強調操練的重要性，教我們怎樣把書中教導落實於生活。但現在，絕大多數教導《奇蹟課程》的人，甚至自己都不了解書中教誨。還有些片面引述而非真正教《奇蹟課程》的人，更是一知半解，他們只是斷章取義地來為自己的理念撐腰。然而，《奇蹟課程》教導的是，化解心識中的小我，讓聖靈治癒你潛意識中所有的罪咎，使你重獲自由。要達此目的，最快速的方法是改變你看待他人、事情或境遇的眼光。《課程》也教我們怎麼做。你該慶幸自己是傳遞《課程》真義的一員，為此而感恩吧。但別以此自滿，畢竟《奇蹟課程》最重要的部分不是它的教誨；《課程》最重要的部分是操練，把教誨實際應用到生活中。

阿頓：這引出了我們要你做的（當然也是要分享給他人的）第二個寬恕禱詞。它教導你應如何看待他人。把它背起來，與他人相處時，適時地在心中默念。即便與他人交談時也一樣適用，無需中斷對話，只需記起這些話，然後望著對方在心中默念。任何時機都適用，不必覺得唐突。一有機會，就默想這些話，由你心中傳遞到對方心裡。請隨我念：

你是靈性，
圓滿而純潔，
已被全然寬恕且釋放了。

葛瑞：你是靈性，圓滿而純潔，已被全然寬恕且釋放了。酷！

阿頓：是啊，很酷。我在我的最後一世也常跟我的病患說些類似這樣的話。在你心中默念這些話，傳遞到對方那兒的同時，你也等於在自己的潛意識中重申了自己的真相，並給予聖靈一個治癒你的機會，釋放潛意識中的罪咎，是它束縛著你，使你屈就於此娑婆世界的形式下的。讓你覺醒於你不朽實相的秘訣，並不在於能否掌控世間之物，而在於能否駕馭你看待世界的眼光。

我來舉個例子吧。有些人在鑽研了《奇蹟課程》好幾年後，會認為自己很有智慧，而且也完全了解《奇蹟課程》。某些部分，他們也許真的懂；但其他部分，可能就似懂非懂了。

不管怎樣，最重要的是，你得將你所了解到的部分應用出來，「不論」你懂得了「多少」。那些利用自己對《奇蹟課程》的了解以凸顯自己在智慧上高人一等的人，不是真的在修《奇蹟課程》。

我敢這麼說，一個自認為沒什麼聰明才智，卻終其一生以愛與不批判的眼光來看待弟兄的凡夫俗子，他這一世可比終其一生只想證明自己對、自己懂《奇蹟課程》，別人錯、別人不懂《奇蹟課程》的那些聰明人，在靈性上的成長要高得多。

我再重申一次，關鍵不在讓世界看重你，關鍵在於你看待這世界的眼光。德蕾莎修女就是個絕佳的典範。她以愛與寬恕的眼光看待所有人，最後，她是什麼信仰背景已完全不重要了，甚至她這一生中所服務的對象，絕大多數的信仰背景都跟她不同。她一點也不在意。在她眼中，每個人都配得上主之愛，無一例外。她的愛與寬恕是普世性且一視同仁的，從不排除任何一人。她不批判或責難任何人。因此，她的心靈已全然由聖靈治癒，因而覺醒、了斷輪迴。

葛瑞：真是太棒了。所以，她不必再回來了，對吧？

阿頓：沒錯。

葛瑞：這讓我們更確定一件事：這無關乎你的信仰背景，而是你拿它來做什麼。你知道嗎？有一派人士說，假使J兄不把《奇蹟課程》搞得這般難懂的話，知識份子就不會看重此書了。他們可真看不起簡單的東西。因此，J兄以聖經用字、學術性的思辨方式，將《奇蹟課程》寫得這般深奧，並以一千兩百頁的篇幅問世，才能吸引人家的注意，進而去探究它。

阿頓：這種說法確實有它的道理，不過，J兄的用意可沒那麼簡單。我們說過，小我不是「簡單」的傢伙，要化解它，可得費一番功夫。《奇蹟課程》以這樣的篇幅與形式問世，便是為了化解這繁複的小我。課程的簡單性在於，永遠只有兩個選擇，且只有其中一者為真。

葛瑞：你知道嗎？有人說：「上主真不仁慈，怎麼任由我們作這種最後總演變成噩夢的夢。」你怎麼回應這種說法？

阿頓：可笑的是，轉身說「造出這個世界的是上主」的，也是同樣那一批人。談到「上主不仁慈」這種說法，我來回答一下你的問題好了。上主沒有讓你去作這場夢。要讓你作這場夢，祂得承認最初那分裂一念是真的。我們說過，上主沒幹過這種事，正因如此，那完美的一體之境仍安然在那兒等待你的覺醒。

葛瑞：嗯，有人認為上主在一體之境內體驗不到祂自身，而唯一能體驗到祂自身的方法，就是造出這個世界，並活在其中。似乎有不少人相信像《與神對話》這類書籍的作者或教師所說的這套想法。

白莎：倘若他們願意深入去看，自會發現這樣的上主簡直神智不清。你曾有過與上主同在天堂的神祕體驗，對吧？

葛瑞：對。

白莎：那麼，天堂與這世界比起來如何？

葛瑞：根本沒有「比較」這回事。在天堂，你「就是」上主。

白莎：那是個如覺醒般的體驗，是吧？

葛瑞：正是！那份美妙可不是這個世上的任何感受所能比擬的。

白莎：好的。那麼，認為上主為了要欣賞到祂自身，從中獲得樂趣，而造出了這個世界來體驗二元的感覺，那種想法其實就跟為了要享受魚水之歡，而得先經驗子彈穿腸破肚的痛苦的這種想法一樣荒謬。事實絕非如此。痛苦乃是起源於你自認為與上主分裂所產生的罪咎，你怎麼可能透過痛苦去經驗實相的愉悅呢？不過，為了返回實相之境，你的確必須寬恕，並且放下苦與痛。J兄在《奇蹟課程》中說得非常明白，他才是你真正該聽從的那一位：

罪、咎與死亡都是小我的傑作，它存心跟生命、純潔無罪，甚至跟上主的旨意作對。只有決心抵制天國的平安、寧可陷於瘋狂的病態心靈才可能唱出這種反調的。有一件事是肯定的：那從未創造過罪惡與死亡的上主，是不會袖手旁觀而任你陷身其中的。祂對罪以及罪的苦果一無所知。披麻帶孝走在喪禮行列中的人，絕非在向他們的造物主致敬，因為上主願他們好好活下去。他們沒有聽從上主的旨意，違逆了祂的心願。17

葛瑞：哇，他這番話真是一針見血。容我做個整理。有人說上主造出了對立之境，以便能體驗到祂自身；然而J兄說的是，無所不容之境是沒有對立的，只有神智不清的人才會相信對立可能存在或應該存在。我說對了嗎？

白莎：對。

葛瑞：你知道嗎？曾有人問我：「為什麼《奇蹟課程》不能更普及一點？」說實在的，《奇蹟課程》稱不上隱晦難解，而且已有近兩百萬本通傳在外，但比起某些法門，它仍不算普遍就是了。

白莎：事實上，你正在扭轉這個情勢，當然我們會協助你的。《奇蹟課程》不似其他法門一般普遍的其中一個原因是：沒有大眾化的教師為人們解說。人們在自修卻又讀不通的情況下，十分受挫，只得放棄。如今，你的書可以協助他們自修並了解《奇蹟課程》。

葛瑞：酷。不過回到我剛剛說的，有人問我為什麼《奇蹟課程》不能更普及一些，我答道，憑著《奇蹟課程》毫不妥協的論點，它能普及到這個程度，已經算奇蹟了。

白莎：這說法不錯。記住，我們從未說過《奇蹟課程》適合每個人，事實上，它本來就不是一本老少咸宜的書。不過，跟它有緣的人絕對比目前接觸到它的人還要多很多。人們愈能了解書中意義，就愈可能保持對它的興趣。但你得謹記在心，這只是開頭而已，唯有「應用」，方能引領你到達課程要你體驗的目標。

葛瑞：上主的平安即在其中，對吧？

白莎：正是，那份平安是一種體驗。

葛瑞：說得好。我想這一路談下來已達到複習的目標了。

白莎：當然，你需要隨時複習。事實上，《奇蹟課程》每回在帶入新的觀念之前，都會先「反覆」地複習之前的觀念。我幾分鐘前摘引的那段話，便與你引述的導言中那句「無所不容之境是沒有對立的」相呼應。只是探討的角度、切入的深度不同罷了。這也是J兄用來化解小我的方法之一。

葛瑞：我有個問題。我在報紙上偶爾會看到有關逃亡到南美的那些納粹餘孽的消息，說某某人翹辮子了，「享年」八、九十歲之類的。但過去這二十五年來，我學到的是：一個人的念頭決定了他的身體概況。那麼，那些混蛋是怎麼成百歲人瑞的？他們這一世的腦子存著什麼念頭啊？

阿頓：醒醒吧，葛瑞。你的念頭決定了你生命的「經驗」，而非生命中的「事件」。你壽命的長短，生活富或貧的程度，是否罹患心臟病、中風、癌症等疾病，這現象層面所發生的事件，早在你出生前就定案了。你在形上層次選擇了小我的那一瞬間，一切便已註定了。因此，這兒的生命不會是公平的，那又何苦煩惱於世間種種？我的意思是，你的念頭

※你的念頭決定了你生命的「經驗」，而非生命中的「事件」。

的確決定了你的「經驗」，而「經驗」才是關鍵所在。

你在這兒所擁有的，唯一真實的力量，就是能在小我與聖靈二者間作選擇的這個力量。假使在這過程中，因著聖靈對時間的瓦解，你碰巧改變了你累劫的時空劇情、改變了你的宿命，你應視之為一項額外福利，並非《奇蹟課程》的目標。至於時間的瓦解，你得謹記，只有聖靈知道什麼才是對每個人最有益的。時間和空間就交給祂照料吧！交託給全知全能的那一位吧！倘若你病了，你的症狀因著你選擇了寬恕而有所改善，也一樣視它為一個附帶利益。我們真正的目標是天鄉，短期目標則是心靈的平安以及結束所有苦痛。不論表面上世間發生了什麼事情，你的病情嚴重到什麼程度，你都能學會中止這一切的痛苦的。這正是聖靈對小我的罪咎、苦痛與死亡之劇本的回應方式。

葛瑞：因此，該關心的不是那名納粹份子是否活到九十歲，而是得了解，他生命的品質與這九十年來的體驗、他的心靈成長與輪迴次數，這些全都取決於他的心念。

阿頓：完全正確，說得真好。好了，我們也該走了。你的下一趟旅行要格外小心，我親愛的弟兄。你到時自會明瞭我為什麼這樣說。也願你玩得開心。

葛瑞：謝了！我會全力以赴。

白莎：我們知道，此外我們別無他求，上主之師。務必記得我們給你的那兩個寬恕禱詞。假使你在長程飛機上想小憩片刻，卻因亂流之類的干擾使得你無法入眠，那就想想底下這段《奇蹟課程》中的話吧。待你穩定下來後，自會憶起你內那令人肅然起敬的真理：「沒有人毀滅得了永恆的生命之子。他和天父一般不朽。沒有人改造得了他的真相。」18

大約三個禮拜後，我從中西部飛回緬因州波特蘭的旅途中，突然聽到機身右側發出一聲巨響，也看到窗外閃過一陣火光。

空服員紛紛穿過走道，奔向駕駛艙。機上乘客約六十人，安靜得詭異，納悶著是不是飛機出了什麼可怕的狀況，飛不動了。我也很緊張，忍不住抱怨：「不會這麼倒楣吧！我的好日子才剛要開始呢！」

接著，我想起了兩位上師離去前白莎所說的話，默念著她要我複誦的那幾句《奇蹟課程》的話語，思索著真實之我的不朽本質，並邀請J兄與我同在，協助我以不同眼光看待眼前這狀況。我立刻感到舒服多了，即使仍搞不清到底發生了什麼事。

不過一分鐘，他們就掌握了整個狀況，空服員透過麥克風跟大家報平安：「沒事了，各位旅客。飛機方才被閃電擊中，所幸一切運作正常，我們已檢查過了。」

跟他們道了聲謝後，我小憩片刻，安心地讓機師載我們回到波特蘭。

4 不見屍骨的謀殺案

不論你的攻擊採取何種形式，都具有同樣的殺傷力。它們的目的也一成不變，就是置人於死地；有哪一種謀害的手法壓得下罪孽深重之感，蓋得住兇手害怕報應的深沉恐懼？他也許會否認自己是兇手，並以微笑來掩飾自己的暴行。但他內心一定很苦，他會在笑不出來的噩夢中看到自己的企圖；當他驚駭地意識到自己的用心之後，便再也難以擺脫它的糾纏了。沒有一個心懷謀害之念的人可以擺脫得了此念所引發的罪惡感的。他的動機若是置人於死地，不論是以哪種方式進行，又有何差別？[1]

在那趟到美國中西部的旅程中，我順道去了一趟威斯康辛州，我的朋友琳達在威斯康辛州

Dells 市幫我安排了一場工作坊。離那兒幾哩處，有一個掛羊頭賣狗肉號稱奇蹟團體的教派。誇張的是，該教派的領導人還自封為「奇蹟課程大師」。該「大師」的一位密友聽聞我要在附近帶一場工作坊，便邀我去參觀他們的安德沃學院（Endeavor Academy）。我不帶任何成見與琳達前往，只覺得這個教派勢必對某些與它有緣的人有所幫助。一個人會想在哪兒過活、在哪兒修行，必然有他的因緣與支撐在後的信念。但我著實覺得那兒的氛圍有些詭異，根本不像一個強調「自修」的團體。

進了門後，一旁的房間裡有個人正讀誦著〈練習手冊〉當天的內容。四十幾個人聽著，時而在「不當」的時刻發出笑聲。《奇蹟課程》的確鼓勵學員記得一笑置之，但他們卻是在探討嚴肅課題，需要深省的時刻大笑，好似他們抓到了只有他們才懂的好笑秘意。其實他們那樣做反而輕忽了字裡行間的真義，抵制了《課程》訊息。接著，那位「大師」出現了，緩緩走下樓梯進入會場，信眾集結到他身旁，而後尾隨他（我也夾雜在人群中）進入另一間叫 Session 的大廳。

此人「開示」了約莫一個小時，不讓任何人插話或問問題。在我來到此地的前一年，早風聞不少讀過我的《告別娑婆》的學員因了解了《奇蹟課程》的真義而紛紛離開那兒。此人挾著舊怨，在演說的那一個小時中幾度走到我面前來，有時甚至故意撞我、拍我腦袋。有一回從我面前離去時，還對我撂下一句「混帳東西」。後來，我查了〈教師指南〉，也沒找到他這種特殊的教導方式。

從頭到尾我都沒跟他對應，只是默默地操練《奇蹟課程》所教導的寬恕。我的兩位上師曾預告過我，要我在這類場合中記得操練寬恕。我試著把此人視為一個我投射出去的人，這樣我便能從

「身外」看到我暗地裡是怎麼認定自己的。這提醒了我，他並不真的存在，我根本沒人可對應。也幫我憶起了，上主才是唯一真實的存在，其餘非源自上主的一切，無法動我分毫。於是我將他釋放到聖靈的平安中。後來這所謂的「大師」見我沒被他激怒，好似有點洩氣，只好大喊了一聲：「你們看，他還在笑。」

在那兒，我看到這團體的成員彼此勾心鬥角，他們語帶威脅甚至口出惡言。儘管此人的教導只是故弄玄虛，且跟《奇蹟課程》一點兒邊也沾不上，有些學員卻表現出一副心領神會的模樣，並把他的話奉為圭臬，完全沒有遵循《奇蹟課程》的教誨。你若不明白那位「大師」所說的話（其實你也沒理由懂），便會被歸類為「冥頑不化」之輩。想要追隨他，就只能完全迎合他。那裡充滿了一股典型的「偶像崇拜」的狂熱，有誰敢不迎合他呢？

該名教師引述《聖經》的某些教義也皆與《奇蹟課程》的教導有所出入。他極力推崇「光明身」（light bodies），且鼓勵他的追隨者追求拙火（kundalini）能量，充耳不聞《奇蹟課程》的教誨：能量不過是個幻相，無足輕重。究其根本，舉凡會變化或可改造之物，皆非真實[2]。總而言之，《奇蹟課程》致力的目標乃是上主的平安，絕非在小我的妄造中追求更高的境界。

我逗留了一個小時，一邊聽著，一邊寬恕。而後那名教師放映他自己的錄影帶，琳達和我便在那個時候離開了 Session 大廳。我順便參觀了他們的「治療中心」，該中心在很多地方設有分部。事實上，他們就是利用這些看起來挺正常的治療中心向世界推進，以吸引人們加入他們的教派。

隔天，我就在同一條街上的一個大飯店裡帶我的工作坊。許多已離開那個教派的老成員也來了，他們有的仍居住在當地，有的遠道而來。有二十名目前仍屬該學會的學員也偷跑過來參加。已離開該教派的老成員雖分散在美國各地，彼此仍保持著聯繫。我能與大夥兒分享所知，並浸潤在這愛的氛圍中，真是一大樂事。每回工作坊我最喜歡的一個部分就是「答客問」，可與學員互動。不過，我不只在問答時間才跟他們互動。我喜歡結識朋友，和他們聊上一整天，從我抵達直至離去，無論是休息時間或用餐時間我都來者不拒。我也喜歡簽名，這讓我覺得自己像個暢銷作家。

第三天，我到了威斯康辛鄉下的 Kiel 鎮（離 Green Bay 不遠）帶另一場工作坊。由一個叫 Pathways of Light 的《奇蹟課程》教學機構主辦。在那兒的兩天中，我發現這機構的負責人 Robert and Mary Stoelting 與耳聞中《奇蹟課程》筆錄者海倫・舒曼的引領方向十分相似。

七〇年代海倫聽見耶穌聲音的消息一傳出，便不時有人想透過她「請示」耶穌。但海倫不願這麼做，她只是邀請人們坐下來與她一塊兒聆聽。海倫選擇不讓他們依賴她，而是讓他們知道自己也有聆聽聖音的能力。我發現 Pathways of Light 也是如此。他們不告訴人們該怎麼做，而是教導人們如何聆聽聖靈之聲，讓人們能「親自」接受靈性的引領，無需透過他人居中傳遞。

當然，達此目標最好、最快速且一勞永逸的方法，是不斷地寬恕，透過寬恕方能化解人們心中阻隔天音的層層障礙。不過要記得，天音不見得是一種聲音，它實際上會以許多不同的形式出現。

我很喜歡 Stoelting 夫婦，期盼下次重遊 Pathways of Light 跟他們聚聚。

一個月後，也就是二〇〇四年五月，我生平第一次踏上加拿大國土，拜訪 Nova Scotia 的首府 Halifax。在《告別娑婆》問世前我不怎麼旅遊的，大半輩子都住在新英格蘭，從沒拜訪過加拿大這個「鄰居」。我非常喜歡 Halifax 那兒的人。工作坊結束後，他們辦了個慶祝會，大家隨著音樂跳舞，喝酒助興。這令我開了眼界，我發現他們並不認為修行與享樂之間有任何衝突。

在 Halifax 時，我接到一個令人振奮的消息，世界知名的靈修書籍出版商 Hay House 有興趣購買《告別娑婆》的版權。雖然這意味著我得和原來的出版商派屈克協調，但我意識到這冥冥之中早有定數。我急著想知會阿頓和白莎此書的發展。霎時我明瞭，他們早有先見之明，他們先讓《告別娑婆》以銷售量展現實力，如此一來，當它博得大型出版商青睞並吸引世界各地讀者注意之際，不至於被改得面目全非。

幾個禮拜後，派屈克和我相約在芝加哥的美國圖書博覽會上與 Hay House 的代表會面。那真是令人興奮的一刻，比爾・柯林頓為這次博覽會做了開場演講，我們與 Hay House 達成了協議。當晚，派屈克和我共進晚餐，慶祝這樁美事。隔天我飛往紐澤西，赴另一個工作坊之約。

飛機起飛後，越過芝加哥 Sears Tower 與密西根湖上空，當天萬里無雲，景緻美不勝收。進入 Newark 後，飛機開始緩降，經過自由女神像時，我看到了清清楚楚的曼哈頓，以及高聳入雲且舉世聞名的帝國大廈。突然間腦子閃過了一個念頭：「天啊，竟然有幸享受這一切，還有錢賺呢！」我赫然發現自己的生命已全然改弦易轍了。想到這兒，內心充滿了感激。

到了六月底，我已累積了不少事要跟我的高靈恩師們說。阿頓和白莎來了，用他們慈祥的面容與愛的眼神看著我。我早在那兒等著了，我知道他們每兩個月就會到訪一次。他們來訪的日子接近時，我會將我朝向電視機的那把椅子轉向他們固定坐著的那張沙發。隨著旅遊次數的增加，我看電視的次數也減少了。這回阿頓先開口說話。

阿頓：嗨，老弟。球賽好看嗎？

〔註：在他們來訪的前一週（六月二十二日），我和一位來自緬因州 Naples 的朋友一塊兒去看了場在芬威球場（Fenway Park）舉行的紅襪隊比賽。朋友招待我坐在一個極佳的位置，那可是我看球賽以來坐過的最棒的位置，就在紅襪選手休息區的後方〕

葛瑞：好看極了！我去過芬威球場不下百次，從沒坐過這麼棒的位置。這次是由 Curt Schilling 主投，帶領全隊贏得這場比賽。Nomar 還擊出一支大滿貫呢。

〔註：後來在那一季，紅襪隊把游擊手 Nomar Garciaparra 交換給了芝加哥小熊隊，把我們新英格蘭所謂的「紅襪人」給氣炸了〕

葛瑞：你知道的，紅襪隊從未把球投得這般好過。我是不是喝醉了，好想知道他們這一整年會不會都表現得這麼亮眼。

阿頓：這個嘛，我只能說你並沒喝醉。

葛瑞：好啦，我也不認為你會跟我「預告」這類事。其實我大概猜得到。我的意思是，與冠軍絕緣了四十年的愛國者隊，都還能贏得超級盃，那麼世上還有什麼不可能的事，對吧？

阿頓：這點倒是沒什麼好爭辯的。除了運動方面，你也有了其他不少進展，不是嗎？

葛瑞：喔，是啊！《告別娑婆》的成績驚人，每個月的銷售量都超過前一個月。我還周遊列「州」呢。除了散播《奇蹟課程》的訊息外，也利用了這些旅行，四處解說你們說的寬恕禱詞（只要我還記得）。加州真是美極了，威斯康辛州的那趟訪晤也很棒，除了你曾提醒過我的那位「教師」讓我不太舒服以外，不過，我還是盡力了。還有，A.R.E. 歷經一番波折後，又重新接納《奇蹟課程》了。這是一個很大的突破。

（註：Association for Research and Enlightenment（簡稱A.R.E.）這個在維吉尼亞海岸的 Edgar Cayce 團體曾有一段時間十分歡迎《奇蹟課程》。Hugh Lynn Cayce 與海倫・舒曼以及比爾・賽佛的交情讓《奇蹟課程》順利在那兒紮了根。然而，過去十年，《課程》卻不再受到他們的青睞。有些 Cayce 讀書會的學員認為《奇蹟課程》的觀念並不完全符合 Cayce 的教導，他們不想讓這部課程繼續留在 A.R.E.，

因此這個團體有好長一段時間沒再教授《奇蹟課程》。《告別娑婆》問世後，迅速流佈到 A.R.E. 裡（在他們得知它是推薦《奇蹟課程》之書籍以「前」），這可能是因為這本書的封面沒有《奇蹟課程》的字眼吧。《告別娑婆》很快就登上 A.R.E. 的首選書籍，於是，該組織認為這可能是在提醒他們，應該更為開放地接納《奇蹟課程》。

三月，我第一次應邀到 A.R.E. 帶領一場為時一整天的工作坊，受到他們熱情的款待。這次的會晤也使得《奇蹟課程》在 A.R.E. 有了全新的開始，經過多年的荒廢，當地成員們首次開始正式研讀。該組織把《告別娑婆》列在他們的目錄中（訂閱者約有二十萬人），他們的雜誌 Venture Inward 也給予此書極高的評價，算得上是錦上添花吧。

阿頓：非常好。我們也看到了你與威斯康辛州那名教師的互動過程。繼續這樣寬恕吧，無論你身在何處。順道說一件事，也許你會發現，寬恕網路上那些不見身影的人，有時候要比寬恕實際出現在你眼前的人還難。這是因為人們習慣在網路上肆無忌憚地大放厥詞，人們不會在你面前說的某些評論，卻會在網路上直言不諱，正所謂見面三分情。一旦按下了「傳送」，就等於潑出去的水了。寬恕責難你的人固非易事，你還得注意別把這類己所不欲之事施於他人。在網路上批判與責難他人（當然這是潛意識罪咎的投射），對於現今的人們而言，可謂一大誘惑。

葛瑞：我知道。網路可把我最陰暗的一面給揪了出來。但也不是常常啦，偶爾才會碰到。比方說，我就挺不喜歡那個阻撓我們好事的女子。

〔註：在美國頗具規模的奇蹟文物流通中心（Miracle Distribution Center）竟然拒絕經銷《告別娑婆》，實在是太不可思議了。負責人推說：「這本書引不起我們的興趣」，甚至用這本書的訊息是來自「高靈上師」為抵制的藉口。難道她忘了，《奇蹟課程》本身就是透過一位通靈耶穌的女子所成之書〕

白莎：葛瑞啊葛瑞。你平時的覺察力到哪兒去了？你被設計了，你沒看到小我正一步步地引你進入它的陷阱嗎？無論表面看來你多有道理，甚至具體事實也證明你是對的，你也無法從中獲得平安的。因此，《奇蹟課程》才會問：「你寧願自己是對的，還是寧願自己幸福？」[3]

葛瑞，《奇蹟課程》所要傳授的中心思想是什麼？

葛瑞：世界根本就不存在。[4]

白莎：抱歉，我沒聽清楚。

葛瑞：世界根本就不存在！[5]

白莎：是啊，它可沒說「世界可能不存在」，它說的是：「世界根本就不存在！這是本課程一直想要傳達的中心思想。」[6] 這句話是非常絕對的，葛瑞。我們待

※無論表面看來你多有道理，甚至具體事實也證明你是對的，你也無法從中獲得平安的。

會兒就來談談這些毫不妥協的理論，不過現在你先幫我一個忙，唸一下〈練習手冊〉中方才那一段話。在第一百三十二課，一直讀到下一段的前兩句。你以前就聽過了，只是，現在的你會有更深的體會。

葛瑞：好的。每回你要我讀《奇蹟課程》的某段話，都會讓我舒坦一些。

世界根本就不存在！這是本課程一直想要傳達的中心思想。這觀念不是每一個人都能即刻接受的，他在真理道上肯接受多少指引，他就會進步多少。他仍會不時後退幾步，而後再向前推進幾步，有時還會退轉好一陣子，才會再度回心轉意。

凡是準備好認清世界並不存在，而且當下便能接受這一課程的人，便會獲得治癒的恩典。他們的心靈一旦準備好了，這一課程便會以他們所能了解及領悟的形式出現。7

白莎：多謝了，葛瑞。因此，你該時時謹記，無論表面發生了什麼事，都不過是一場夢。《奇蹟課程》之所以說「輪迴不可能是真的」8，只因它也是個假相。它沒有真正發生過，因你絕不可能真的進入一具身體，只是表相看似如此罷了。它只是個錯覺。為什麼呢？原因很簡單，《奇蹟課程》明言了身體根本就不存在9，那麼，你哪會有身體可進去？《奇蹟課程》是這麼說的：「身體的存在是為充當心靈的學習教具。這個學習教具無法犯錯，因為它本身沒有創造力。因此，循循善誘心靈捨棄它的妄造，等於幫助心靈具體發揮它的創造力，那才是真正有意義的事。」10

葛瑞：說得真好。身體既不存在，也無法創造，因此，心靈能做的，便是選擇靈性，而不選擇小我以及它的投射。投射即指任何狀似與他物分裂之事物，這包含了身體，在座兩位除外，因為你們的身體是由心靈的正念部分賦予的，這種情形很罕見。如果我對方才那段引文了解正確的話，它的意思是，就世界這個層次而言，「成為上主的創造同工」這個概念是毫無意義的，因為J兄說擁有一切創造能力的這顆心靈「唯一」能做的一件有意義的事，是放棄任何分裂的表相。這並非要你放棄有形有相之物，因那只會讓你的心靈更把它當真；而是要你放棄你對它的信任，轉而選擇完美的靈性作為你的真實身分。我抓到要領了嗎？

白莎：抓到了。

葛瑞：太好了。那麼，你可有妙計讓我們的書賣個一百萬本？

白莎：你腦子動得真快。不過，單就現實面而論，假使你想賺一百萬元，你似乎該寫一本教人如何賺取一百萬元的書。而且不用管他們讀完後是否真的賺到一百萬，你只需說是他們操作錯誤就行了。但這不是我們要做的事，我們要做的是化解小我，協助你返回天鄉。如果你想化解小我的話，還是回歸主題吧。

方才提到你掉進陷阱了。先前我們說過，你在這一世所碰到的人，都是累世曾與你有過交往的人，可能與你是「特殊的愛」的關係，但也可能是「特殊的恨」的關係。當然，這是以「線性式」的角度來看。若以「全像式」的觀點而言，其實一切全都同時發生，只是表相上以線性的方式呈現而已。你之所以今生會遇到前幾世結識的人，是因你們繞著彼此轉。這就好比繞著太陽轉的那些行星，順著它們的軌道運行，到達離彼此最遠處時，又開始折返，回到離彼此最近的點上。人們在時空這個全像圖裡也類似這樣彼此互繞。

葛瑞：那麼，異性真的相吸嗎？

白莎：是的，只是結局不一定都很美，因為這本來就是一場騙局。跟「特殊的愛」一樣，那些過去世與你有「特殊的恨」的關係的人，會沿著他們的軌道來到離你最近的點上，又由於你的潛意識中留有對他們的記憶，你內心便會產生衝突，有時一觸即發，有時會慢慢顯現出來，成為一個惱人的事件，但若能以修行的心態來面對，它對你也是個絕佳的機會。「**人間再沒有比『千古宿怨化為眼前之愛』更神聖的地方了。**」**11** J兄這番話多麼觸動人心啊！

我們從未說過《奇蹟課程》是唯一一條回家的路，但我們「確實」表示過它是最快的捷徑，J兄也不斷強調這部課程是為了要幫我們節省時間的。有些人可能對此嗤之以鼻，那是因為他們並不「真的」了解這部課程。容我再說一次，《奇蹟課程》不是唯一的路，J兄在方才你讀的那段引文中是這麼說的：

他們的心靈一旦準備好了，這一課程便會以他們所能了解及領悟的形式出現。12

因此它可能以其他形式出現，譬如說佛教。不過，我們會謹守J兄在他最後一世所用的方法，以及目前他透過《奇蹟課程》的詳細解說，特別是因為現代人們的領悟能力大幅提升了。也許有人會認為當今世上還有其他老師能比J兄更快速地帶領他們回家，其實他們錯了。不過，這也無礙，因為《奇蹟課程》本來就不是適合每個人的。

葛瑞：那，「他仍會不時後退幾步，而後再向前推進幾步，有時還會退轉好一陣子，才會再度回心轉意。」[13]這句話是不是說，在兩世之間，你可以延後投胎，在虛無飄渺之境中游蕩，讀一讀神祕的生命之書（Akashic Records）或什麼的？

阿頓：可以這麼說。也許改天我們可以帶你稍微逛一下。不過，白莎方才的話還沒講完吧？

白莎：你提到的那位阻撓我們好事的女子，便是個回頭走進你人生軌道的一例。你們好幾世都彼此認識，甚至有一世還結為連理。她那一世很年輕就過世了，你因此而有些自責。

葛瑞：為什麼？

白莎：你殺了她。

葛瑞：喔！

白莎：這故事說來話長，其實也沒什麼好提的，有些懸而未決的衝突還梗在那兒就是了。這一世你出了一本膾炙人口的書，她一見到此書，潛意識就起反感。上一世，她是受害者，你是迫害者，這也算是一種平反，因為有好幾世你是受害者，而她是迫害者。當然，你曾有幾世是女兒身。人間故事就是這麼一回事。這一次，在你與她的關係中，輪到你當受害者。恭喜你了！問題是，這回你打算拿它怎麼辦？釋放它？還是繼續作繭自縛？你願意「不」視自己為受害者，為這場夢負起責任來嗎？還是你寧願把它當真而繼續受困於此？

葛瑞：真是難纏。我不是指她，我指的是這件事。

白莎：當然，否則哪叫陷阱！你們兩人的軌道是註定要交集的。你可以利用你們這個關係為小我效命，或聽從聖靈的指引。如同J兄說的：「**註定要相逢的就會相逢，因為這一會晤將為他們開啟神聖關係之門。他們已為對方準備好了。**」**14**

葛瑞：這個嘛，我殺害她的那一次會晤，肯定彼此都還沒為對方準備就緒。

白莎：其實在那一次會晤之前，她在另一場夢中就殺害過你了，因此事情往往不似表面那般單純。但，你們對彼此做了什麼並不重要，關鍵在於，你們是怎麼看待對方的。你表面上的行動不過是你念頭的後果。你的所作所為只發生在夢中，因此它並非《奇蹟課程》的焦點所在。我們的焦點是這場夢的「肇因」，並設法化解。若真如J兄教導的，在實相內沒有程度、角度、間隔等觀念**15**，且層次只存在分裂之夢中，那麼這意味著，不論你做什麼，不外乎兩種選擇：每個寬恕之念都是一種愛的表達，而每個不寬恕的念頭無異於謀殺。見不見屍骨已無關緊要。這地

> ❋每個寬恕之念都是一種愛的表達，而每個不寬恕的念頭無異於謀殺。見不見屍骨已無關緊要。

球上每天都在上演一幕幕不見屍骨的謀殺案，人們對彼此盡是不寬恕的念頭。J兄就斬釘截鐵地說：「**不愛，就等於謀害。缺乏愛心，本身就是一種攻擊行為。**」16

葛瑞：因此，每個不愛人的念頭都是同一回事，沒有程度之別。同時，每個愛人的念頭也是如此。就是這個緣故，奇蹟原則的第一則才會說：「**全都表達了愛的極致。**」17

白莎：很好。你「知道」這一真理，葛瑞，但我們無法「代替」你操練。時常為之還不夠。的確，你在許多方面都有了長足的進步，只是，毫不例外地用在每個人、每件事上，乃是超脫此世的不二法門。若你記得這其實是你的潛藏信念，是你潛意識看待自己的方式，當初是你為了擺脫這些信念而選擇轉嫁到她身上的，那麼你自會明瞭，當你寬恕時，你真正釋放的是你自己。因此，《奇蹟課程》問道：「**他們豈能承認自己的攻擊陰謀所傷害的其實就是自己？**」18

葛瑞：我懂你意思，我會盡力的。我能了解你所說的「某些功課比其他功課難修」的原因，我也會盡可能記住，是我在更深的幻相層次中設了一個陷阱給自己去跳！我為了某個原因幻化出該名女子，跑到這兒上演了這齣戲，好把我的不平安歸咎到她身上。一旦我不平安，無論它化身為何種形式，都是我自己決定不願寬恕所產生的後果了。然而，決定是可以改變的，我可以選擇認清真相：沒有一件事真的發生過，這只是場夢，而我正是那位夢者。如同《奇蹟課程》說的：「**上主教師的真正任務便是認清自己在作夢。**」19

（我仍餘怒猶存，不過，我知道白莎說得一點兒都沒錯。雖然我學了很多，也常常應用所學，但並不是一遇到狀況都能使得上力。若我不能當機立斷，就無法完成我的功課。我也知道，若我局部寬恕，就僅能得到局部的寬恕；唯有全面寬恕，我方能得到全面的寬恕。至於寬恕了什麼事件並無關緊要，無論是奇蹟圈裡門派的歧異或是其他任何寬恕機會）

白莎：說得好！好了，我們談得太嚴肅了，說點有趣的事吧。

葛瑞：沒問題。亞當和夏娃正躺在伊甸園裡的一棵樹下。亞當看著夏娃說：「你知道嗎，我怎麼老是覺得這兒有一個寫書的好題材。」

白莎：鬼靈精，你又打算講情色笑話了吧。

葛瑞：這個嘛，白莎，說到情色，你什麼時候可以跟我來上一段？

白莎：嗯……「永遠不可能」這個答案該讓你死心了吧？

葛瑞：你還是那麼高不可攀？

阿頓：老弟，你挑逗的那位可是我老婆的形相，即便她就是你。

葛瑞：抱歉，我給忘了。要搞清楚誰是誰還真難。幸好，實際上只有一個人，是吧。對了，白莎，你記不記得，前一本書中有一回你是隻身前來。將來我們還有沒有那種機會？

白莎：我們可以言歸正傳了嗎？

葛瑞：喔，好吧。你提到《奇蹟課程》絕對性的論點，我想「世界根本就不存在」也是其中一個，對吧？

白莎：對。《奇蹟課程》所謂絕對性的理論，指的是一個能明確闡釋《課程》教導，畫龍點睛出《課程》要旨的觀念。假使世界根本就不存在，那麼就無可寬恕了；而且，能在所有事件、場合與你所見的人身上認出這個事實來，便是所謂更高層次的寬恕，因為你不是寬恕某人確實做過的某件事，而是認出他們什麼都沒做。因此，寬恕的其實是幻想出他們的自己。這一點很重要，少了這個分野，你便落入傳統式的寬恕，而那是無法化解小我的。

※寬恕的其實是幻想出他們的自己。這一點很重要，少了這個分野，你便落入傳統式的寬恕，而那是無法化解小我的。

葛瑞：可以再說一個此類絕對性的觀念嗎？

阿頓：好比：

憤怒是毫無道理的事。[20]

既然這整齣戲都是你編造出來的，那你還能怪誰？另一個相關的絕對性觀念是：

救恩的祕訣即在於此：你所做的一切全都是對你自己做的。[21]

這兩個觀念環環相扣，就像手套之於手一般，一旦你戴上，就再也甩不掉了。

葛瑞：酷。請再多說幾個。

阿頓：沒問題。

你眼前的世界只是一個幻相而已。上主從未創造過這樣的世界，因為祂的創造必是永恆的，如祂自身一般。**22**

以及另一個跟它密不可分的觀念：

凡是真實的，必是永恆的，它絕不變易，也不受改造。它不會朝三暮四，因為它已圓滿無缺，但心靈卻有權選擇自己要事奉哪一個。唯一的限制是，它不能同時事奉兩個主人。**23**

葛瑞：是啊，不論以前有沒有聽過這些話，只要不斷操練高層次的寬恕，自會一次了解比一次深。若說一切會變化或改造之物皆非真實，這道理必可用在時空構成的娑婆世界中的一切事物上！

阿頓：是的，它也包括時空構成的娑婆世界內用來估算、檢測與衡量的一切事物。全都不是真的，我們以後會談到。

白莎：我們離去前，再說一個絕對性的觀念。

葛瑞：歡迎之至。

白莎：寬恕就是認清了，你以為弟兄做了對不起你的事，其實不曾發生過。寬恕不會因為原諒他人的罪而反倒把罪弄假成真。它在其中看不到任何罪過。而你自己所有的罪過就在這一眼光下一併寬恕了。[24]

我來為最後一句錦上添花一下：「你所有的罪過『只能』在這一眼光下得到寬恕」。假使世界是真的，那麼罪過就是真的，他們全都是罪人，這也代表了你是有罪的，至少你的潛意識會這麼解讀。倘若他們是純潔無罪的（因為他們根本什麼都沒做），那麼「你」便是純潔無罪的，因你也什麼都沒做。我再強調一次，這類觀念的「絕對性」即在於此。你沒有其他選擇，將它納入你內，你才得以完整。

葛瑞：那麼，寬恕究竟「做」了什麼？

白莎：J兄已給你答案了，弟兄。**「奇蹟本身一無所作，它只有化解的功能。」**[25] 小我一旦被化解，剩下的就是真理了。

阿頓：下回我們可以談一點你當初想聊的那部電影，以及幾個你這些年來浮現出的有關前世的記憶。另外，我們也會討論痛苦、犧牲、受難與死亡。

葛瑞：哇，都是很受人喜愛的主題，尤其是死亡。歐普拉（美國脫口秀主持人）一定有興趣！

白莎：每回跟你的會晤都變成娛樂節目似的，葛瑞。我們很喜歡你那樣。

葛瑞：我也很喜歡你，白莎。喔，阿頓，我也喜歡你。謝謝你們透過聖靈來跟我說話。這對我幫助很大，也謝謝你們指引我有關《告別娑婆》的事宜。

阿頓：不客氣。繼續操練吧，老弟。我們會盯著你的。

話一說完，他們就消失了，我也開始準備下一趟加拿大之旅。天氣暖洋洋的，我感謝這舒服的夏天，感謝我兩位朋友，也感謝因著他們而結識的一群新朋友。

5 夢中「英雄」

現在，你已看到了，你是有路可退的。你只需面對問題的真相，不再去看你希望它成為的樣子。1

接下來的兩個月，我過得十分開心，拜訪了好幾個未曾去過的地方，如加拿大西部的亞伯達、新墨西哥州首府聖大非，以及密西根州首府蘭辛。不過，也有美中不足的地方就是了。氣候因素導致航班取消，使得從緬因的波特蘭到聖大非的航線竟一天之內換了四次班機。真是要命！航班取消後，我得在機場重新訂位，電腦因此顯示我的機票是臨上飛機前才買的。但實際上是我一個半月前就買好機票，只是航空公司因故取消了班機，但他們竟然完全無視於這個特殊狀況。由於電腦顯示我是在二十四小時內買的機票，他們便把我列入可疑人士，歸類為「盤查對象」。盤查對象一般都會被拉到一旁盤問，隨身行李也得徹底搜檢，造成更多的延誤、困擾與不安。

想來還真丟人，儘管二〇〇一年九一一事件中的劫機犯大多為沙烏地阿拉伯人，偉大的美國政府卻老是在盤查我這類空中飛人，甚至老弱婦孺。賓拉登的家人在九一一事件發生後不過一個禮拜就獲准出境美國，連調查都省了，國內百姓卻反遭禁足。

到了其他國家，我發現他們的掃瞄設備十分精密，我不必像在美國那般，掃瞄前必須大費周章地將電腦由行李箱取出，還得脫去它的封套。即便是行李輸送帶也比美國先進得多。我不禁想，美國會比不上人家，恐怕問題是出在執政者的無能，管理我們國家的正是一群利益輸送的貪腐官僚。我設法將這些情況當作寬恕的題材，還挺管用的。但，難道這表示面對國家的無能，我們只能坐視不管嗎？但做了又如何？美國人民在恐懼中又能投下什麼樣的選票？只要隨意瀏覽一下網路上的訊息，便不難看出那些政客是怎樣利用九一一這場悲劇大作文章，藉此操控大多數同胞的心理。

大體而言，我的旅程算是挺有趣的。與工作坊的學員們互動就像在充電一般，往往上了一整天的課下來，我還比一開始更有活力呢！我覺得好似有某個東西透過我在傳遞訊息，有時靈感像泉湧般源源不絕地冒出來，我好似在身外，看著自己在帶工作坊，而我並非真正在帶領的那位。

不時有人表示看到我身上有不同形相與顏色的光；也有人看到我的臉在變化，忽地返老還童；更有不少人表達他們對此工作坊與《告別娑婆》的感激。我很慶幸自己有緣來到這麼多地方，若非如此，我終其一生也不會知道《奇蹟課程》與《告別娑婆》對人們有多重要。雖說透過網路也能接收到善意的訊息，但你看不見他們臉上的表情，也聽不到他們說話的語氣。唯有面對面的接觸，他們真實的情感才得以表露無遺。

八月底到了，一如往常，我深切期待阿頓與白莎的到來。他們照例，一出現就直接切入主題。

阿頓：你先前說過你想討論「耶穌受難記」（The Passion of the Christ）這部電影。片中刻畫的耶穌，即我們暱稱的J兄，多為……

葛瑞：你也可以稱他為喪家之犬（J dog）。

阿頓：片中刻畫的J兄多為苦難、憂慮的形相，那一點都不像真正的他。J兄一向平和，臉上不時掛著溫和的笑容，他的眼神清澈明亮並充滿了愛。他內毫無恐懼，因他清楚根本沒什麼好怕的，世間沒有任何一物能動他分毫。他不是一具身體，也不認為自己有何特殊之處。他不是受難（passion）的象徵，而是慈悲（compassion）的化身。

白莎：你看過這部電影了，有何感想？

葛瑞：嗯，我到了電影院時，那兒已排了好長的人龍，我發現大家都興高采烈，好似等候基督再臨似的。進了戲院，我才搞清楚，究竟是什麼「再臨」了。那根本是部血淋淋的恐怖片。坐在那兒簡直就是個折磨，毫無樂趣可言。他們只是一再重複J兄被凌虐成體無完膚、不成人樣的過程。就連電影一開頭也把J兄拍攝成一個充滿恐懼的凡夫俗子。他憤恨不平地踩住一條蛇，並殺了牠，因那條蛇象徵撒旦的化身。劇中的耶穌，與阿頓口中的J兄簡直判若兩人。

你知道，電影早先有一幕是猶大走近在花園祈禱的J兄，並親吻了他一下，劇中，J兄隨即回了他那句《聖經》中的名言：「你竟用親吻來負責人子嗎？」此話一出，我立刻想起《奇蹟課程》裡「十字架的訊息」中的話，J兄清楚說明了此訊息的真義，以駁斥宗教那種混淆視聽的說法。為免有誤，我直接把那段話唸出來。J兄在裡頭是這麼說的：

我怎麼可能說出「你竟用親吻來負責人子」這類話？因為我根本不相信別人可能背叛我的。整個十字架的訊息，總歸一句，即我完全不相信背叛這一回事。至於我要上天「懲罰」猶大的話，也是源自同一錯誤心態。猶大是我的弟兄，也是上主之子，他在聖子奧體中的地位與我不相上下。我怎麼可能一邊教人「上天絕不可能懲罰人類」，一邊還在詛咒猶大？2

整部電影把J兄的身體搞得「極為」特殊，只不過因為他們預設好了J兄必須犧牲自己以贖眾人之罪！然而，這種犧牲觀念早在J兄前七百年就存在了，是後來的宗教硬把它套在J兄身上，殊不知這樣的觀念等於是在宣稱上主跟人類半斤八兩，同樣神智不清。這部電影就跟宗教所教導的一樣，頌揚受苦與犧牲。許多人帶著他們九歲十歲大的孩子來看這齣戲，電影散場後，他們臉上的表情彷彿在告訴他們的孩子：「看到了吧？你現在知道耶穌為

『你』做了什麼了，你看看，他為『你』受了多少磨難，甚至犧牲自己的生命。你們這群有罪的小子！現在，你能為『他』做什麼呢？要成為一名基督徒，對不對？」

阿頓：好了，只憑這點，就已具備成立一個有聲有色的宗教之要件了。在這世間，你若要人們（包括易受暗示的孩子們）做什麼事，就先讓他們有罪惡感。如果你找到玩弄內疚的伎倆，你是可以讓人們到了三十歲還相信聖誕老公公的存在的，只要沒人點醒他們即可。在上述例子裡，即是沒人點醒他們。整個戲碼讓身體變得真實無比，因此身體的毀滅也成了必要的事。

葛瑞：若真如《奇蹟課程》說的：「**無罪無咎的心靈是不可能受苦的。**」[3]那麼，他們施諸J兄身上的種種也無關緊要了。他根本不會回應所受到的一切，也不會感受到電影呈現出來的那些痛苦才對。

白莎：沒錯，這點很重要，這是《奇蹟課程》另一個絕對性的觀念。**無罪無咎的心靈是不可能受苦的。**這等於連根拔起了「歌誦犧牲」的觀念。我們說過，痛苦並非生理的事，而是心理的過程，一旦治癒了所有潛意識的罪咎，你便感受不到任何痛苦了。十字架的訊息因而改弦更張，它不再是讚頌受苦與犧牲，而是示範給人看：你一旦痊癒了，便「不可能」感受到任何苦痛，甚至受難。人們深信J兄所親身經歷的苦難，已儼然成為宗教的金字招牌，這宗教雖以J兄之名創建，實際上與他毫無關係。

葛瑞：他們真的一起「釘在」那個十字架上了（cruci-fixation）。

阿頓：嗯，然而，J兄真正要傳遞的訊息是「不要」把身體當真。事實上，你若有心成為J兄之輩，那麼你終究也得體驗到身體的「無意義」，不再相信它的價值，直到你想相信都「無法」相信它的地步。

葛瑞：我還是無法相信紅襪隊讓出Nomar了。

阿頓：要你不再信賴身體，我們得先對這場夢，以及身體在這場夢中的角色，有全盤的了解才行。我會引述《奇蹟課程》某些話，也請你幫我念上幾段。我們先前已談過身體受苦的這個妄見為何與J兄無關，而現在你也已經了解，受苦乃是潛意識的罪咎所投射出來的觀念。針對這點，我們現在便來聽聽J兄在《奇蹟課程》的「通往真實世界的橋樑」裡是怎麼說的：

你該慶幸自己終於擺脫了小我送給你的那種荒謬救恩，不再留戀它為你演出的那齣人際關係的鬧劇。如今，沒有一個人需要受苦，因你已走到這一步，不可能再臣服於罪咎所打造的幻相了，不論它看起來多麼美麗或神聖。只有神智徹底失常的人才會對死亡、痛苦、疾病及哀傷懷有那類幻想。4

如果你願意，聖靈願跟你作一個包你穩賺不賠的交易，J兄在「平安的障礙」這個章節中這麼說：

你只有一個小小的責任，就是把整個犧牲觀念交託給聖靈。接受祂所賜你的平安，不再限制平安的推恩能力，否則你對平安的體驗也會大打折扣。5

同一個章節中，他又提到：

身體對你為什麼會有那麼大的意義？其實身體是由許多平凡無奇的元素構成的，這是眾所周知的事。它不會感覺，這也是千真萬確的，它只能傳遞你自己想要的感覺。身體就像所有的交流媒介一樣，只會接收及傳送它所得到的訊息。身體本身對那些訊息並沒有感覺。訊息所引發的感受都是寄件人與收件人自己賦予的。小我和聖靈都很清楚這一點，雙方都心知肚明，寄件人與收件人其實就是同一人。聖靈會很樂意告訴你這個事實，而小我則千方百計地隱瞞，不讓你意識到這一真相。若明白了所有的訊息都是送給自己的，還有誰會送出怨恨與攻擊的訊息？還有誰會控訴自己，定自己的罪，這樣懲罰自己？6

葛瑞：你所做的一切都是給你自己的，這個認知十分重要。因為，一旦你記住了這點，你便不會想要傷害自己；而你愈相信它，你就愈可能在平時的各種處境中憶起它來。

阿頓：確實如此。而且，你一旦開始質疑你的舊有信念，有趣的事就會發生了，可記得幾個《告別娑婆》讀者跟你分享的故事？

〔註：我不時聽到有讀者反應，他們讀了《告別娑婆》後有暈眩現象。我的友人 Reverend Dough Lee 所開的《告別娑婆》導讀課程中，也有幾個學員反應類似情況。我不禁想起早些年我操練〈練習手冊〉時的一個經驗。有幾天早上醒來，雙眼一睜時，我竟看到天花板在旋轉。那並不會讓我感到噁心或頭暈，不過，看到天花板那樣轉真像是吃了迷幻藥後所產生的幻覺。這現象只持續了幾個禮拜，從沒有干擾到我的正常作息。如今聽到《告別娑婆》讀者也有類似情形，真是奇妙〕

葛瑞：你是指暈眩現象吧！這類故事讓我更加肯定《告別娑婆》非比尋常，它對讀者的衝擊竟和《奇蹟課程》對我的衝擊這般雷同。我認為，這些現象和我們終其一生所信靠的小我思想體系開始動搖有關。

阿頓：沒錯。有趣的是，我方才提到的「通往真實世界的橋樑」中，有一段話就跟這個有關。你以前不曉得兩者之間的關聯，現在你會懂了。J兄在此處談到「過橋」的過程，也就是從以小我身分苟延殘喘的舊有經驗，到與聖靈共融於真實世界的過程：

從真相的角度來看，橋樑只代表了一種過渡階段。你在此岸所見的一切，都極盡扭曲之能事而徹底失真了。原本微不足道的被誇大了，原本真實有力的，卻被貶成渺小卑微。過渡期間難免會經歷一段混亂，讓你不知何去何從。不要害怕，這不過表示你已甘願放下那好似維繫著你舊有世界的錯誤思想座標。7

葛瑞：就這樣？那只表示我已經願意放下表面上維繫著我的舊有世界之物。搞什麼嘛！我才不需要任何東西來維繫我的世界咧。

阿頓：聖靈是你唯一所需。因此你可以放下你「以為」屬於你的那個世界，以換回真實世界。

葛瑞：我想我知道真實世界是什麼了。不過，你能否再指點一下？

阿頓：好的，老弟，有段話言簡意賅：「真實世界象徵著罪與咎之夢的結束，上主之子不再沉睡不醒。他甦醒的眼神看到了天父聖愛的清晰倒影，以及他已得救的千古許諾。」8

葛瑞：這大概就是J兄走到橋尾時的境界，對吧？

阿頓：對，而且他所傳遞的訊息總是再清楚不過。他絕不妥協，你也當如此。你給小我一寸，它就更進一尺。我們很高興你仍謹守著《奇蹟課程》的訊息，不減其意。你很尊重這個工具，非常好，我們顯現於你的目的之一，便是防止J兄的訊息像兩千年前那樣遭人扭曲。一旦更改其意甚至文字本身的人一多，積非成是以後，那麼過了一、兩百年，你就認不出《奇蹟課程》的原貌了。

葛瑞：是啊，不過，你們一定早預知歷史是否會重演、訊息是否會再度流失。到底會不會啊？

阿頓：我們說過，基於種種考量，我們是不會告訴你太多未來的事的。你要做的就只是把當下這一刻照料好。

葛瑞：對了，說到訊息遭人扭曲這回事，我看「耶穌受難記」時，聯想起《末日迷蹤》（*Left Behind*）這套已發行了好些年的系列小說。我在機場逛書店時，看到了剛上市的一集，它是以〈啓示錄〉有關末世的經文為藍圖寫成的。我一個住在佛羅里達州的朋友愛死那套說法了。這一系列小說大概已銷售了六千萬冊。〈啓示錄〉，這本讀來像個尖酸刻薄或什麼的傢伙所寫的書，裡頭提到J兄回來對異教徒宣戰，而《末日迷蹤》系列小說便是在敘述那場戰事，描寫「正」是怎麼對抗「邪」的。

那本剛上市的書裡寫道，J兄隻手一舉，地面霎時裂開，吞噬了所有異教徒，他們驚慌地掉下去，不斷哀號，垂死掙扎。到了下一幕，J兄不過一開口，敵人的身體瞬間皮開肉綻。地上遍是血肉模糊的屍體，有男有女甚至還有馬匹，耶穌的信徒們得小心翼翼地開車，方不致撞到那些屍塊。我猜那些馬八成也是異教馬吧。接著，這些「壞人」的屍肉、他們的眼睛、他們的舌頭，便在基督徒的面前漸漸銷融。場面可真是壯觀。

我覺得，這群人根本就是把和平王子耶穌轉變成自己的打手，替他們宰殺敵人。該書也隱約帶有種族歧視的色彩，因為那些非信徒（你也可以稱之異教徒）近來常被人聯想為恐怖份子。這是人類投射潛意識罪咎的典型例子——神站在我們這邊，不在他們那邊，他們罪該萬死。

恕我冒昧，我實在看不出這種瘋狂愚昧的衛道思想與二〇〇一年九月十一日早上劫持飛機撞進世貿大樓的那些人有何不同。根本換湯不換藥，全都是小我思想體系失控的結果。它只會帶來更多的悲劇，與J兄的教導完全背道而馳。是該有人挺身而出、仗義直言了，不是為了要改變世界，而是呼籲人們轉變自己的心念，選擇寬恕一途。

阿頓：那麼，你何不當那個挺身而出、仗義直言的人？

葛瑞：我知道，我花了好一陣子時間才開竅。其實我能了解你們為何挑上我，原因之一是我沒什麼後顧之憂吧，我能如實地傳遞你們的訊息，不會在乎他人的評論。少了後顧之憂，自然也不會在意人家尊不尊重我了。

白莎：很好，親愛的弟兄。就像這樣繼續直言不諱吧！別耽心他人的評論。Georg Groddeck 博士（請留意，Georg 字尾沒有 e）說過：「要放下別人的尊重，跟放下虛榮心一樣難。」誠實地說出這些訊息吧！

終究說來，每一件事的發生都有其定數。不該發生的事，你無法令它發生；註定要發生的事，你擋也擋不住。既然如此，何不臣服於聖靈的真理，其餘一切就讓它自行運作呢？

政治的問題也是一樣，你既已明瞭它的目的何在，就把它當成寬恕的題材吧，你肯定會進步的。

葛瑞：是啊，我偶爾仍會不慎失足，但往往都能很快憶起真理。觀察「綠色和平組織」以及環保團體其實挺有意思的。我認識幾個非常痛恨人類的「和平激進份子」，他們在外頭高呼反戰之際（這原是好事），骨子裡卻藉此打擊政治對手，以及他們認為只會剝削小老百姓的豬頭奸商。話說回來，那些財團也是人，就跟所有人一樣。他們也許真的耽溺於金錢遊戲，但每個人不幾乎都有自己熱中之物？令我玩味的是，即使你在反戰，心裡想的卻是打壓理念相左的人，這顯然是以小我為師。然而，同樣的行為也可能出自聖靈，而那會是個截然不同的經驗。

由此觀點來看，這無關乎打擊政治對手或表達你對當權者的忿怒不滿這些事。你的反戰，原是你表達自己是愛的本來面目的一種方式，你渴望一個更有愛的世界，它的出發點截然不同。因此，要緊的不是你做了什麼，無論出自小我或聖靈，都可能走上街頭抗議的。沒人知道你是基於何種心態，但你自己很清楚，此刻的你是出自愛。因此，重要的不是它的形式，而是它的內涵。

白莎：嘿，這裡究竟誰是老師啊？開玩笑的。你說得對，這無關乎你做什麼，而是你與「誰」一起做，小我還是聖靈？這兩個不同的選擇，會帶給你天壤之別的經驗。也許有人認為可以觀其行而斷其人，但事實往往並非如此。就這世界的觀點來看，有些人的工作可能缺乏靈氣，然而，你若選擇聖靈的引領，「任何事」就都是屬靈的工作。因此，實際來講，沒有任何工作會比其他工作來得崇高或神聖。

你的行為並不是問題的焦點，我們也說過，你之所行是你之所思的結果。因此，我們仍可從一個人的習性看出許多端倪。比方說，假使有個人老愛生氣，常對他人出言不遜，你認為這代表什麼？

葛瑞：我想，他們八成很討厭他們自己吧。

白莎：沒錯。你待人的態度其實是個很好的指標，顯示出你是怎麼看待「自己」的。你若對人懷有敵意，表示你的心正陷入衝突。你若對人常懷善意，象徵著你的心處在平和狀態。不僅如此，它還直接左右，甚至強化你對自己的看法。這是個循環，不是良性循環就是惡性循環。雖然確實有些對別人很好的人未必覺得自己很好，但他們多半已到了突破的臨界點。他們表達的若是愛，代表他們已步上正軌了，只需再推一把，他們就會看到其他的選擇可能。他們一旦了解透徹，就會比其他人更容易選擇真實的力量，也就是內在聖靈，而非他們的弱點，也就是小我。

葛瑞：我聽說過許多了不起的人物（好比達賴喇嘛和肯尼斯・霍布尼克）強調仁慈的重要性。如今，我能了解他們的意思了。倘若看待別人的眼光裡能透露出那麼多你目前的心態，而將來你會怎麼看自己也是取決於此，那麼，你的寬容與仁慈實際上便是為自己作的好事。

❈倘若看待別人的眼光裡能透露出那麼多你目前的心態，而將來你會怎麼看自己也是取決於此，那麼，你的寬容與仁慈實際上便是為自己作的好事。

白莎：一點也沒錯。對了，我們想讚美一下你旅途上與人們的互動。許多教師在舟車勞頓與行程發生變數的壓力下，會忍不住把氣出在別人身上。到目前為止，你與人們互動得很不錯，可以得到甲上，呈現出不錯的《奇蹟課程》精神。

葛瑞：過獎了。這其實不難辦到，因為我很喜歡那些人。對了，你方才那句「沒有任何工作會比其他工作來得崇高或神聖」說得真好。曾有人問我：「為什麼兩位高靈上師要顯現於『你』？為什麼是『你』？」我首先就反問，他們的前世可不可能是在露德（Lourdes）親眼目睹聖母瑪利亞顯靈的那群小孩？也許他們前世也見過天使或其他靈異顯像呢！

我想，我們每個人應該都有類似的稟賦，只是沒辦法同時呈現於同一幻境中罷了。〈教師指南〉也說過：「**沒有一種能力不是人人具有的。**」[9] 我以前常想，如果我能成為靈性治療師，那該有多棒，可以到處行醫，而且只要把手放在人們身上就可把病治好。我想那會是頂級的天賦吧，但我這一世沒這本領。若我真去行醫，人們沒被我醫死就算萬幸了。

重點是，這只代表我這一世無此天賦，但我知道，在他生中，我曾是個很棒的治療師。每個人都有他的時刻，就如看見兩位上師，只是我今生註定要碰上的事，其他人在他世中也經歷過。若世界上有上億人口都看到上師，那該有多無聊啊！不就沒人運用其他稟賦了？

我甚至還告訴他們一件令他們十分訝異的事呢。我無意冒犯，但我跟他們說，看見你們兩位「並非」是我最高的靈修經驗。我最棒的經驗是《奇蹟課程》所謂的「啓示」經驗，也就是直接契入上主。它把這形色世間中的一切一掃而空。

白莎：何來冒犯之有。J兄雖在《奇蹟課程》裡提到，以敬畏之情回應啓示是十分恰當的，因為啓示讓你直接體驗到上主。但他也強調：「平等的生命之間不該懷著敬畏，因為敬畏意味著彼此的不平等。**因此，這也不是你對我應懷的心態。」**[10]

所以，你不僅不該視我們為特殊的，也不該視J兄為特殊的。

葛瑞：這番話真令人「敬畏」。因此，我常跟大家說，「啓示」（即與上主一體的體驗）是他們真正該追求的，因為它是對實相的體驗，至於看到你們兩位，不過是知見領域的經驗而已。啓示一旦來臨，世上一切便成了大夢一場，不足以與實相相提並論。但這並不代表我們在這表相世界中不可以找些樂趣。

我看電影時，明知它不是真的，也不減我的興致。世界可以這樣去活。事實上，我會說，你潛意識中的罪咎愈少，你愈能享受這個世間。例如，我現在就比以往更懂得欣賞音樂。你無需捨棄文人雅士的藝術作品與詩情畫意的落日美景。我覺得，一旦與你的純潔本性相通，你便更能樂在萬物中，因為你在體驗萬物時，少了內疚，最後甚至了無內疚。好比性，若無罪惡感，不是更能享受魚水之歡麼？

白莎：我知道你是在自問自答，不是問我。

葛瑞：因為阿頓在這兒。其實，我每回在你們到訪以外的時間，想跟聖靈說說話時，浮現我腦海的往往是J兄而不是你們。工作坊的夥伴聽我這樣說，都感到非常意外。J兄對我而言，一直代表聖靈的化身，我總覺得可以隨時跟他說話，也曉得他會幫我。你們不會介意吧？我知道我聽到的聖靈之聲，同樣也是你們的聲音。

白莎：我說過，我們並不特殊。我們不在時，什麼溝通管道對你最有益，才是要點。我們曉得你記得我們，而你也清楚我們一直都在你身邊，J兄也是。

葛瑞：哎，就別說得那麼肉麻嘛。既然我們是一體的，那麼找誰不都一樣？喔，我又想起一件事了，是有關靈性工作方面的事。設若有個人是作會計的，而這個人認為他這輩子在靈性上沒什麼特別的天賦——我不是說會計人員沒有天賦，而是假設這個人認為他們沒有天賦。我想，要是他能將他的會計能力交給聖靈差遣，那不就是個天賦了嗎？因此，所謂的天賦，不過是某個你願意交給聖靈之物。關鍵不在於哪一種天賦，究其本質，只要是託付給老天（聖靈）的，就是屬靈的。在你從事這個工作的當兒，說不定哪天會有靈修團體或人士要借助於你呢！這麼一來，你的天賦成了幫助人們散播真理的工具，這不是很棒麼？

阿頓：很好，老弟。這番話適用於任何工作。針對某些人，也許聖靈要他們藉著工作境遇來練習寬恕。他們若做得到，他的工作就非常靈性了，至於是什麼工作並不重要。

葛瑞：對了，你們不是說過這回要談談「死亡」嗎？我可等不及了。

阿頓：好好好，鬼靈精。我們馬上就要談到了，但最重要的是讓你了解，並透過你的寬恕實地體會這個世界如夢似幻的本質。現在，勞你幫我們唸上幾段。請翻到〈正文〉第二十七章的第八節。

葛瑞：好的，找到了。「夢中『英雄』」？我有一陣子沒讀到這一節了。

阿頓：是啊，我要你在往後的兩三個月中，至少再複習五遍。

葛瑞：五遍？希望它夠精采，那才值得！

阿頓：何止精采，它可是真理呢。現在請你唸一下前四段就好。之後，大約每兩個禮拜你得讀完一次這整節，共四頁，這樣持續讀上五次。反省一下裡頭的觀念，並在日常生活所見的事物中去深思它的意義。但現在只要唸前四段就好。

葛瑞：好的，它是這樣說的：

在夢的世界裡，身體是主角。沒有任何一個夢缺少得了它，離開了夢境，它便無法生存。它在夢中扮演一個有模有樣、如假包換的人。身體在所有夢裡都扮演著核心角色；每個夢境都在述說自己如何被其他身體塑造出來的故事，它如何被生到身外的世界，度過一段光陰便離世而去，與其他可朽的身體同歸塵土。在它分配到的短暫歲月裡，開始尋找其他身體，不是交友，就是結仇。自身安全是它最關切的事，活得舒適是它的人生指標；它盡其所能地避苦求樂，躲開一切有害之物；最重要的，它企圖教自己如何在人間的苦樂之中分別取捨。世界所作的夢五花八門，因為身體會使出渾身解數，證明自己的獨立性與真實性。它用世人眼中最真實也最可愛的銅錢紙幣購買東西，裝飾自己。它用無聊的工作換取鈔票之後，又將它們虛擲在根本不需要甚至不想要的無聊物品上。它還會雇用其他的身體來保護自己，繼續搜集更多無聊的東西，累積更大的資產。它四處尋找對它而言具有特殊性的身體來分享自己的夢。有些夢中，它成了征服其他弱小身體的勝利者。但在另一段夢中，它則可能淪為奴隸，飽受其他身體的傷害與折磨。

身體由生到死一連串的歷險故事，構成了人間大夢的同一主題。夢中的「英雄」從未改變過，它的目的也一成未變。只有夢境千變萬化，為它的「英雄」提供各式各樣的題材與舞臺；夢的目的雖然只有一個，表達的方式卻多到令人目不暇給。它一而再、再而三要傳授你的，只有「身體是因，而非果」這一課題。你是身體形成之果，故不可能成為它存在的原因。

換句話說，你是夢，而非夢者。從此，你只好漫無目的地遊蕩於它自編自導的情節與場景之中。身體的能耐確實僅止於此，因它只是夢中的一個角色而已。只有誤把這些角色當真的人，才會與它們殷勤互動。他一旦看清了它們的真相，它們對他便一籌莫展，因為他明白，那些角色所有的能耐都是自己賦予的；他不只是它們的起因，還把它們打造得像真的一樣。你究竟多想擺脫世界大夢的種種後遺症？11

哦，我唸過頭了。它談得好深入，讓我欲罷不能。

阿頓：你會讀下去的，這很好，老弟。J兄接下去又談到這個夢是怎麼形成的。這整節你務必要讀上五遍。你會愈來愈深入箇中道理，世上從來沒有把進入夢境與出離夢境描寫得比這更透徹、更驚人的了。在此章接近尾聲時，J兄又強調：「你為自己的罪咎而寬恕了世界之後，你就由世界解脫了。」12

葛瑞：是由罪咎中解脫，還是由這世界中解脫？

阿頓：兩個是相互依存的，少了其中一個，你就不需要另一個。你藏在潛意識中的罪咎是這個世界形成之因。你的任務是化解它（undo），生死輪迴就是這樣切斷的。

白莎：談到死亡……

葛瑞：你在進入這個主題前應該先敲鑼打鼓：好戲上場囉！

白莎：我剛剛想說的是，在談到死亡之前，希望你能謹記一件事：你寬恕得愈多，你就愈不會被小我的把戲所矇騙。J兄在《奇蹟課程》末尾提到上主之師時，就是這麼說的：「他們看著夢

> ※你藏在潛意識中的罪咎是這個世界形成之因。你的任務是化解它，生死輪迴就是這樣切斷的。

中的角色來來去去，千變萬化，受盡病苦而死。卻絲毫不受眼前的景象所蒙蔽。他們已經認清，不論把夢中人看成分裂且病態的，或把他看成健康而美麗的，都同樣的虛幻。」[13]

因此，肉體的生病與健康，實際上都是同一回事，沒有一個是真的。同樣的，生病與死亡也並無不同，它們不過屬於與上主分裂一念中不同層次的幻相罷了。

葛瑞：所以說，坑洞與墓穴的不同，只在深度而已。

白莎：是啊，這個譬喻很有意思。你說得沒錯，即使深度不同也仍是幻相。方才那段引文是出自〈教師指南〉，接下來這段話則是引自〈正文〉。我們想藉此讓你知道，整本《奇蹟課程》講的都是同樣的東西。從〈正文〉、〈練習手冊〉一直到〈教師指南〉，《奇蹟課程》教導的是徹頭徹尾「非二元」的觀念。若這是真的（它的確是真的），那表示它也只有一種道地的解讀法。

J兄在〈正文〉中說道：

但表相確實騙得了自甘受騙的人。你只需作一個簡單的決定，便再也不會被這騙局所動搖。[14]

這個簡單的決定就是「寬恕」，適用於一切事物，當然包括死亡。我們不妨省思一下〈練習手冊〉中的這段話：

你認為死亡是肉體的事。其實，它只是一個觀念，與它外在呈現的種種形象毫不相干。念頭存在心靈內。它遵照心靈的指示運作。若想改變，必須從源頭上改起。觀念離不開它的源頭。本課程一直反覆強調這一句話，因為這是我們想要改變你對自己看法的關鍵所在。你之所以能夠治癒別人，原因即在於此。它是治癒的源頭。也是你不可能死亡的原因。這一真理奠定了你與上主一體的事實。[15]

下一段的開頭處，J兄接著說：

死亡即是你與造物主分裂之念。[16]

J兄在〈練習手冊〉同一課中又言：

看起來會死之物，不過表示心靈已經睡著了而已。[17]

不久後又提到：

它的形式可能千變萬化，甚至呈現出它所不是的樣子。然而，心靈畢竟還是心靈，不論是沉睡還是清醒的。[18]

關於心靈，該課還有一段敘述：

它好似昏睡了一會兒而已。它只是夢見了時間；在那好似出現、其實從未發生的一段時間裡，不論發生何種變化，皆無實質或實效可言，最後都是白忙一場。當心靈甦醒過來以後，它只是繼續本來的存在狀態而已。[19]

葛瑞：因此，這一切實際上只是場夢。我的解讀是，一旦我們化解了小我，甦醒過來後，我們自會「體驗」到自己從未離開過天鄉。當這具身體走完最後一段旅程，我們就沒有必要再來了，「與上主一體」成了我們永恆的實相，千秋不易。

阿頓：事實正是如此。且要銘記，覺醒即全然覺醒，沉睡就是沉睡，夢到自己是活著或是死亡都不重要，都不是真的。如同《奇蹟課程》說的：「**躲到死亡裡，解決不了任何矛盾或衝突。**」[20]

葛瑞：所以，不要抄捷徑，好好去做你的寬恕功課，否則在完成你的功課而全然覺醒之前，你會夢到自己不斷流轉於娑婆世界。

阿頓：好了，結束訪談前，我們想把「死亡」這個問題告個段落。你該清楚，肉體的死亡與生存都同等虛幻，無一為真。真實的生命是完整且永恆的。《奇蹟課程》是這麼說的：

相信可朽之物中有一部分可能逃脫死亡的命運而倖存，這種怪異的信念未必承認一個慈愛的上主，也不會為人重建對神的信心的。[21]

葛瑞：因此，有人以為他們的靈魂會在死亡後繼續生存下去，說穿了，那不過是好似分裂出去的心

> ※覺醒即全然覺醒，沉睡就是沉睡，夢到自己是活著或是死亡都不重要，都不是真的。

靈罷了。

阿頓：好個洞見，很有禪味。真實的靈性是完整且永恆的，那是你不朽的實相。因此，不論表面上發生了什麼事，死亡也好，中陰身也好，你都只有兩種選擇：一是你與上主同在的實相，一是他物。你此刻要做的，就是讓心靈在上主與他物之間作一選擇。

白莎：謝謝你幫我們唸。離開前，換我們來為你讀上幾段J兄提到有關死亡的問題。由我先開始，阿頓待會兒也會加入。主要是為了讓你能在死亡之念露出猙獰的面目時，清楚而篤定自己該作的選擇。

※死亡也好，中陰身也好，你都只有兩種選擇：一是你與上主同在的實相，一是他物。

夢中英雄畢竟有曲終人散的一天，那不過是個故事而已。當然，只要你還相信任何一種形相，這英雄便會以不同形式重返。寬恕吧，親愛的弟兄，你再也不需要小我的死亡之夢了。把它攤在陽光下，看清它的樣子，寬恕它，你便能重獲自由。聽聽J兄是怎麼說的：

世間的一切幻相，都是出自死亡這個核心夢境。把生老病死視為生命的過程，這種觀點不是很瘋狂嗎？我們以前探討過這個問題，現在不妨再深入一下。萬物的出生，只是為了死亡，這是世界牢不可破而且一成不變的信念。它被視為「自然的運作法則」，不容質疑，人們只能接受它為生命的「自然律」。那種循環、變遷、不定、不可靠、不穩固，循著某種軌跡而盈虧盛衰的過程，都被視為上主的旨意。沒有人敢質問，宅心仁厚的造物主怎麼可能有這類旨意？[22]

阿頓：死亡的「真實性」深深紮根於「上主之子是一具身體」的信念中。如果上主真的創造了身體，死亡必然變得真實無比。而上主便不可能是慈愛之神了。[23]

白莎：如果把這樣一個宇宙看成是上主的創造，這樣的造物主絕對不可能是慈悲的。有誰會不對這個終將摧毀一切且讓萬物在失意與絕望中化為塵土的造物主敬而遠之？你的小命繫在他的手裡，他隨時（也許就在今天）都可能毫不留情地捻斷這一條維繫你生命的懸絲。也許他會判你緩刑，但你終究在劫難逃。誰會去愛這種不知慈悲為何物的神明？因為他徹底否定了生命的真實性。於是，死亡搖身一變，成了生命的象徵。他一手打造出來的世界如今轉為一個戰場，充斥著衝突與對立，以致烽火不斷。凡是死亡所到之處，平安便無立足之地了。[24]

阿頓：死亡象徵著「上主可畏」。這個觀念一筆抹殺了上主的愛，人們再也意識不到愛的存在，死亡之念好似擋在太陽前的一塊遮陽板。這個象徵的猙獰面目顯然無法與上主並存。它給人的印象就是：上主之子最後必會「安息」於荒土之下，地下的蟲蟻迫不及待地前來問候，不費多時就屍骨無存了。最後連蟲蟻也難逃毀滅的定數。一切有情眾生都是如此地為死亡而活。

一物吞噬一物的食物鏈成了自然界的「生命法則」。這種神明實在瘋狂愚昧至極，如今只有恐懼顯得真實無比。25

你看得出來，J兄直言不諱地道出這世界的真相，若這真是上主的「傑作」，那祂成了什麼？

葛瑞：嗯，我想我也許可以寫首歌來讚頌這一「傑作」。說正經的，我能懂你意思。

白莎：我知道。這些話雖令人坐立不安，卻是事實。方才那句「一物吞噬一物的食物鏈成了自然界的『生命法則』」讓我想起一件事，你一直都不是個素食主義者，對吧？

葛瑞：沒錯，不過，我倒是相信有個地方能讓上主的造化共存，通常就在「馬鈴薯泥」那一區附近。

白莎：沒關係的，弟兄，只要你不把它當真就好。任何事情都一樣，假使你是出自愛，為了表達愛而吃素，那就是美事一樁；但若認為不吃素就是錯的，那就無異於在囚禁自己的心靈了。我會跟你說這些，是因為將來你會遇到不少素食者，也許你可以幫他們澄清一下這個問題。

阿頓：到此該打住了，我們也該讓你靜下來思考一下今天所談的內容。你也許可以開始為我們這本書想想書名了。這一回，我們讓你命名。猶記得我們首次會晤時，白莎在開場白的第四句話就點出了前一本書的書名，你卻花了好幾年的時間才開竅呢！這一次，我們讓你自個兒挑。

葛瑞：真酷。多謝了！

阿頓：別忘了你的閱讀作業。

白莎：在你往後兩個月上台演說前，我們想再送你一段《奇蹟課程》的話。你那一方面的寬恕已做得不錯，我們只是想再拉你一把。對了，我們下次來訪前，會發生一件令你大感驚訝的事。好好享受吧！

葛瑞：是好事嗎？我喜歡驚「喜」。

白莎：喔，你會喜歡的。到時候你會知道。這兩個月它就會上演了。待你從德州回來後，我們再敘。好好保重，上台前記得想一想底下這些話，它會提昇你的經驗的。

依舊是上主所創造的我，願把世界由我所認定的模樣中釋放出來。我是真實的，因為世界不是真實的；我終會悟見自己的實相的。**26**

說完，阿頓和白莎復歸虛無，我默默浸潤在今天談話的餘響裡良久，也滿心期待白莎提到的驚人之事。雖然心中已有個譜，但事情真的發生時，我仍驚異萬分，至今難以相信。

6 問題在這輩子，笨蛋！

唯有等到你心甘情願地放下保護小我之職，向我打開它整個思想體系，我才能溫柔地幫你修正過來，將你領回上主那兒。1

二〇〇四年十月二十七日，發生了不可思議之事。據說當天晚上，有人看見一群豬飛過新英格蘭的天空；也有人說那天地獄冰封了；還有人說已故的貓王，生前簽了約要在緬因州舉辦一場演唱會，死後二十七年，他終於履約了。

家父終其一生都是紅襪隊棒球迷，但在他有生之年，從沒看過紅襪贏得世界大賽。我也沒見過。雖然他們過往的戰績不佳，但我在十月的那個晚上卻有預感，他們就快出人頭地了。原因有二：第一，他們比賽的那天晚上，預計會有月全蝕的現象發生，如果紅襪在睽違世界大賽八十六年後還能奪冠的話，再也沒有比這更好的時機了。第二，這支隊伍正旺。在七戰四勝制的美國聯盟賽中，紅襪竟能在連輸三場給宿敵紐約洋基隊後，來個大逆轉，以直落四的戰績反敗為勝，拿下美國聯盟冠軍，寫下隊史上最輝煌的紀錄，被許多運動評論家認為是「不可能的任務」。

紅襪隊自一九一九年將棒球巨星貝比・魯斯（Babe Ruth）轉讓給洋基後，球隊厄運連連，美國職棒界稱之為「貝比魯斯魔咒」（Curse of the Bambino）。傻勁十足的紅襪球員們，毫不在意這個魔咒，打起球來就像沒人在看那般。他們熱愛這場比賽、熱愛隊友。這場球賽真是飽足了觀眾的眼福。

我除了希望紅襪贏得世界大賽，更希望他們就在那天晚上贏，因為隔天一早，我得飛到德州的Austin，在 The Crossings 帶領一個為期三天的工作坊。我不知到了那兒後，能否有機會看完接下來的賽事，聯賽若能在那晚結束，那就太好了。紅襪隊已連勝聖路易紅雀隊（號稱該年最強的隊伍）三場，紅襪打贏第一場時，尚看不出會鹿死誰手，紅襪的先發投手們在場上表現得極為亮眼。這正是他們過往少見的現象，一直以來，他們的打者陣容都十分堅強，今年當然也不例外。

以往紅襪隊上最多一位頂尖投手，但二〇〇四那年，他們卻擁有好幾位。聯賽開打後，這些好手輪番上場投球。據說好的投手可以壓制住好的打者，反之亦然，但事實上，投手之於棒球，就如同後衛之於橄欖球一般，是贏球的關鍵。新英格蘭的愛國者橄欖球隊那年超級盃的表現，即是最佳的證明。那年新英格蘭的運動迷們欣喜若狂，我雖知這個世界一切都是幻，仍隨之瘋狂了一陣，我一點也不特殊。

聯賽的最後一球被擊回了投手丘，投手把球傳向一壘，為整場比賽劃下了句點。這個歷史性的一刻（era）告終了，我也許會跟阿頓和白莎戲稱是一個錯誤（error）告終了。世間哪有魔咒這回事？他們輸球只因他們輸了，他們贏球只因他們贏了。

當晚的那一戰是在聖路易主場開打的。我在緬因的家中觀看這場世紀大戰，一邊打包去德州的行李。紅襪王朝那歷史性的一刻來臨時，我興奮地跳了起來，大喊：「萬歲！萬歲！」看到球員們臉上的狂喜，我自己也興奮莫名，電視上轉播波士頓球迷在街頭與酒吧內大肆慶祝的場面，那一刻，我想起了家父。

記得我六歲那年，家父首次帶我與弟弟保羅去芬威球場。當時年紀還小，我只依稀記得左外野那隻綠色吉祥物，以及打擊出去時的「鏘、鏘」聲。到芬威朝聖，實際上是我們這一區的歷來盛事，代代相傳。童年的夢想多半都在那兒編織成的。此刻，新英格蘭經歷了一個永生難忘的夜晚，我在心裡與父親結合，對他說：「這是獻給你的，爸爸。我知道你與我一起觀看比賽。」

十一月二日總統大選之夜，阿頓和白莎來了。這回由我先開口。

葛瑞：被你說中了，白莎。我那一陣子的確期待著某個驚喜，但怎麼也沒料到會是這件事。

白莎：這就是我們不跟你提太多未來事情的原因，葛瑞。一來，我們不想剝奪你寬恕的機會；二來，好讓你享受那份驚喜。二元世界就是如此，好好壞壞，總有兩面。

葛瑞：我興奮極了。都快一個禮拜了，我的臉上還一直掛著笑容呢！在德州的時候，有些讀者邀我一起吃飯，我突然想做點什麼來慶祝這事，結果發現菜單上竟有響尾蛇這道菜，於是我點了一份嚐嚐。那味道吃起來就跟雞肉沒兩樣。

總之，這禮拜我開心極了。有個也是棒球迷的《告別娑婆》讀者寄了封電子郵件給我，謝謝我在書中寬恕了紅襪隊，他們今天才得以獲勝！你可記得我說過：「每個隊伍總會有特別倒楣的一百年。」好了，我們現在設法讓白襪隊和小熊隊贏球，便能終結「魔咒」的說法了。

阿頓：天下真是無奇不有。

白莎：好好享受吧，弟兄。你昨天才回來，今天去投票了吧？

葛瑞：當然，你該不會現在要揭曉選舉結果吧？

白莎：這個嘛，也許會，也許不會。

葛瑞：好吧，那我直接問了。凱瑞會贏嗎？

白莎：可能會，可能不會。

葛瑞：拜託！那是什麼意思？

白莎：我無意嘲諷，只是跟你說說夢境裡的現象，好讓你去寬恕。打從一九八〇年起，要是民主黨的候選人想贏得大選，他「至少」得贏兩百萬張選票才行。這是因為每回全國性選舉，美國民主黨候選人的選票一般都會被吃掉一、兩百萬張。這回自然也不例外。必須要民主黨候選人大幅領先，像比爾·柯林頓那樣，才可能選得上總統。但今時今日，要一個民主黨員以些微差距獲勝，根本是痴心妄想。假使他真的以些微差距獲勝了，那表示他實際贏得的票數遠比檯面上的多得多。

葛瑞：你的意思是，今晚布希「又」要贏了？那麼，要是每一張選票都如實地計算進去，他就贏不了，是吧？

白莎：恐怕是的。其中被吃掉的票很多都跟種族歧異有關。美國每回全國性的選舉都有一百萬張黑人的選票被丟棄。他們耍的伎倆不勝枚舉，我不多著墨。只要人們還默許這樣的情況，那麼，要你喜歡的政黨獲勝的唯一辦法，就只有多贏個幾百萬張票。即使公佈出來的差距仍算小，但至少是贏了。

你會看到在俄亥俄州的出口民調顯示凱瑞獲勝，因為那些受訪民眾天真地以為他們的選票會被如實地計算進去。但是凱瑞在那個地方會被吃掉百分之三的選票，而布希則從實際計算進去的票中獲勝了。

葛瑞：你是說，我們的選舉都有人為操控？真是爛透了。我原本還因紅襪隊獲勝而開心著呢。

阿頓：振作一點吧，老弟。世界根本就不存在，記得嗎？

葛瑞：你知道的，每回有待寬恕之事找上門時，我總是會想起這句話。好似，我需要做的就只是憶起它來：世界根本就不存在。接著，我便能看清整個事情的真相。這非關文字，而是念頭引發了經驗。

白莎：紅襪隊獲勝時，你不是高呼「萬歲！萬歲！」嗎？走在這條修行路上就像那樣。你對寬恕愈來愈駕輕就熟了，這條寬恕之路也會愈來愈好走。正念會引發你內在的真理。如果我知道你還沒準備好要寬恕的話，今晚不會一開始就挑起選舉這個話題的。你已準備好了，對吧？

葛瑞：準備好了。我是說，我怎麼能把布希當真呢？看看他，他並不真的存在。他就像是一張主題叫做「集體貪腐」的海報上剪下來的紙片人。在這個夢境的故事裡，瑪莎・史都華（Martha Stewart）因涉及股票內線交易而被送進大牢，殊不知小布希在他老爸當總統的任內，內線交易絕不比史都華少。小布希甚至曾公開表明他的政治信念，戲謔地把「富者與貧者」更改為「富者與益富者」。這傢伙當總統簡直就是個笑話。我好一陣子都忘了一笑置之，把他當真了。但他不是真的。我設下陷阱讓自己去討厭他，現在，我已看出他根本就不存在。整齣戲只是個騙局。是我營造出他來，要他揹黑鍋，當我的代罪羔羊。一旦釋放了他，我就自由了。

阿頓：你這大啖蛇肉的人還真不賴，完全契合J兄在《奇蹟課程》中說的一段話：

還有一個簡單的問題有待你的答覆：你喜歡自己打造出來的世界嗎？在這充滿謀殺與攻擊的世界裡，你在危險、孤獨與恐懼的夾縫中如履薄冰，最多只能指望大限來臨以前，死亡能讓你苟延殘喘片刻。**這是你為自己打造的世界**。這是你為自己畫出的圖像，是你在自己眼中的寫照。2

只有在小我化解得差不多後，你才能回頭看出你的小我思想體系有多瘋狂。因此J兄才會說：

你無法從一個神智失常的信仰體系作出正確評價的。它本身的限度排除了這種可能性。你唯有把自己提昇到神智清明之境，俯視這一切，才可能**看清兩者的鮮明對比**。神智失常的狀態只有在此對比之下，才會顯得確實瘋狂無比。3

※只有在小我化解得差不多後，你才能回頭看出你的小我思想體系有多瘋狂。

葛瑞：沒錯。我這陣子一直在想有關身體的事。你們知道的，我作完你們交待的閱讀作業，也觀察到很多事情。我發現，我們所謂的生命中的一切，全都跟這具身體脫不了關係。贏球或輸球，事業有成或挫敗（我都經歷過），情場得意或失意，受人尊敬或鄙視，你好吃（不論大宴小酌），你嗜性（不分環肥燕瘦），你渴望汽車洋房或僅求棲身之所。想取得這一切、渴求這一切的是什麼？哪個跟身體無關？當我們因某個悲劇而恐懼時，我們看到的不正是身體的死亡？我們為誰而難過？如果心愛的人死了，我們又會怎麼看待死亡？全都跟身體有關，沒了這具身體，這一切都沒意義了。稱它為夢中「英雄」真是一點也不為過。只要我寬恕得愈多，就愈能「體會」出這具身體如夢似幻的本質，覺得它變輕盈了，好似不再是我了。

你們兩位首次造訪的幾個月後，我開始參加在Leeds的一個讀書會，一待就是十一年。我最後一次參與時，有位固定成員告訴我，我看起來比剛來時還要年輕。這挺有意思的。我並不是說每個人都會有這類的附帶利益，既然念頭會帶來形式上的轉變，我們便知道，寬恕一定會在某些地方發生作用。

> ※意識到自己在作夢，是破解的關鍵。你愈寬恕，便愈能意識到自己只是在作夢。

阿頓：說得好。只要你仍陷在這個夢境裡，你便無法覺悟。意識到自己在作夢，是破解的關鍵。你愈寬恕，便愈能意識到自己只是在作夢。

白莎：我們打算帶你走趟時空之旅，幫助你了解萬事萬物「非線性」的本質，也更能體會到這一切原是出自你的妄造。你可想試試？

葛瑞：當然！

阿頓：很多有趣的旅行在前頭等著你。我們曉得你迫不及待那趟澳洲之旅，也得知你在回程途中會順道在夏威夷帶領一場工作坊。以後乾脆稱呼你「哥兒」了，老弟。你明年會去個三趟呢！會待三個月左右。

葛瑞：三趟？我這輩子也才去過那麼兩次而已！

阿頓：好好玩吧！你會在那兒遇到一些很棒的人。救恩內沒有偶然的事。事情一開始往往看起來都跟救恩扯不上關係，但最後還是落回「人際關係」的問題。回到我們這趟時空之旅的主題上，我們要去的地方正是你六個月後會去的聖路易。

葛瑞：酷！我來了，Cahokia！我早該去了！

阿頓：由於時間是全像式而非線性的，因此，你的旅程是老早就設定好了的。我們會「神遊」（transport）到六個月後的未來。你到了「偉大的太陽」那個山丘後，才會看到我們。你半年後才會結識的兩個人會與你一同前往 Cahokia，但因你是在目前這個時空意識下出遊到那兒的，所以你待會兒並不認識他們。不要緊，你們一路上不怎麼聊天，因為你們三位只是一心企盼著抵達目的地。我們會動念，讓你進入全像式時空中抵達 Cahokia 的那個時點。

你偶爾會看到白莎和我就走在離你們三位不遠的地方。當然，你不會跟那兩位提及我們的。他們雖讀過《告別娑婆》，但不會聯想到是我們，我們會保持距離，不致引起他們注意。你待會兒會不知不覺地做跟半年後一模一樣的事，只是半年後你會再重新經歷一次而已。等我們把你送回到此時此刻後，你腦子會多了一段記憶，那是在你線性的時空架構下實際上尚未發生的事，但在全像式的時空中早已上演過了。當你半年後再去 Cahokia 時，我們希望你好好覺察自己的感受，並跟我們回報一下。準備好出發了嗎？

葛瑞：那還用問，上路吧！

（驀地，我發現自己已坐在某個停車場內的汽車中，大吃了一驚。坐在駕駛座的人踏出了車外、關上車門，我也是。我們走出了停車場，不遠處有一棟外觀十分現代化的大樓。接著，我們穿過一條窄巷，通到了大馬路。有兩位我並不認識的男子與我同行，一位是駕駛座那位先生，另一位方才坐在後座。我們不怎麼聊，但言談中聽得出來大家都急著想到達目的地 Cahokia。過了馬路，進入一大片原野時，突然有股似曾相識的莫名感受。不遠處我看到了一個偌大的山丘，我一眼就認出那是「偉大的太陽」居住的地方。一千年前當地居民為這位美洲印第安靈性大師在山丘頂上蓋了棟房子。我在夢裡見過這些景象，也不時想起自己在「偉大的太陽」那一世住在這兒的情景。

我們一路步行至山丘。天氣很好，暖洋洋的，感覺上像是春天而不像夏天。一到了那兒，我們發現得爬兩大段階梯才到得了頂端。一旁告示牌寫著此區屬於國家歷史古蹟，並詳細介紹四周景緻。真正令我驚訝的是，在我讀著解說時，意外發現阿頓和白莎就在一百呎遠處，身穿牛仔褲，兩人聊著天。他們一點兒都不引人注目，與我同行的兩個人也似乎沒注意到他們。但他們非常引我側目，因為白莎把襯衫下擺打了個結，露出了肚臍。那簡直是在挑逗我嘛，她明明知道我對女人的肚臍有特殊癖好。可惜的是，那樣的距離下，我實在看不清楚。

突然，與我同行的那兩名男子停了下來，示意讓我獨自上山，可能是為了尊重我的隱私吧。我這才發現，其實自己挺想獨自一人上山，浸潤在山頂上。除了感受到他們對我的尊重外，我還對他們有種親切感，想必他們一千年前也待過這兒吧，只是他們現在跟當時的模樣完全不同了。我還看到其他旅客，但沒有人上山頂。

我開始往山丘上走，緩緩地踏著階梯，一邊欣賞四周景緻。當我到達距離第一段石階頂端約二十呎的地方時，俯瞰不遠處有個城市，我想那一定是聖路易城，我不確定它有多遠，大概五到十哩遠吧。這一區整片都是綠野平疇，其間也夾雜了不少樹木，隱隱約約透露著一股祥和的氣息。

環顧四周一會兒後，我步上第二段石階，直達山頂。頂端是平地，只是已看不到「偉大的太陽」的居所了。自從阿頓和白莎在《告別娑婆》中提及我和「偉大的太陽」之淵源後，我漸漸憶起那一世與他親如密友的美好時光，也浮現出住在 Cahokia 時的畫面。我依稀記得自己到他山丘頂上的房子（也就是這裡）探望他的情景。雖然我們是朋友，但那個時候對印第安人而言，能受邀到山頂上，甚至登堂入室，真是莫大的殊榮。

眺望了這一帶平原後，我赫然發現有個東西不見了——那條河！大河到哪兒去了？印象中聽過約三百年前這兒發生過大地震，造成大陸板塊變遷，使得密西西比河河床移到幾哩外。根據我的記憶，一千年前 Cahokia 的居民十分倚賴這條大河，靠它集貨與交易。設若這麼大的地震是發生於此時此地，所造成的傷亡人數與財物損失，恐怕難以估計。

我走到山丘頂的四隅，由不同角度凝視這個地方，沉浸在身臨其境的感受中。我看到與我一同前來的那兩位先生（我仍不知他們是誰呢）就站在下方不遠處，偶爾交談著。阿頓和白莎刻意保持距離，沒讓那兩位注意到他們。這真有趣，我竟是唯一知道他們在那兒的人。我暗自盤算著，回去要好好質問白莎一番，怎麼故意作這種打扮。

我獨自一人站在偌大的山丘頂上，環顧這靜謐的四周，突然看到一個異象。它跟我以往所見的異象一樣，只持續幾秒鐘。我看到好多人，成千上萬；一個大廣場，人們穿梭其中，彼此問候；一個大市集，裡頭有一攤攤的集貨；以及木柱林立的大村落，許多房屋座落其中。熙熙攘攘的，好不熱鬧。男人群聚在一塊兒玩遊戲，但因他們圍成了一堆，我看不清楚他們在玩什麼。這景象來得突然也去得突然，不一會兒就不見了。我感受得到山丘頂上的房子就在我身邊，可惜沒來得及多看它一眼。這一幕真實得讓我驚訝萬分。那絕不只是個影像而已，我曾身處這傳奇之地——美洲印第安人視為神聖的 Cahokia。我重回老家了，雖然只有幾秒鐘。

其實 Cahokia 有史以來不只一位「偉大的太陽」這類領袖，但一千年前住在這裡的，似乎就只有他。他不只深諳治理人民之道，在人們心中，他的地位相當於佛陀與J兄。在他的領導下，Cahokia 成了歷史上最和平的地方，儘管那樣殊勝的時期只維持了幾十年。有關此地的種種記憶縈繞在我心中，我當時是個印第安人，靠交易皮貨維生，藉著幾條河流遊走各地，但仍不時回來探望我的家人、我的朋友，以及這座和平之城。它的和平持續不了多久是必然之事，因為這個地方也一樣源自「分裂之念」。

下山後，我告訴那兩名男子我見到的異象。他們完全了解，絲毫不感到意外。接著，我們返回停車場，來到一棟名為 Interpretive Center 的大樓。當我們走進大門的那一剎那，我竟發現自己已坐在家中椅

子上，望著阿頓與白莎，回到神遊 Cahokia 之前的狀態）

阿頓：好了，你有何感想？

葛瑞：太不可思議了！那地方本身就很神奇，而我見到的異象也奇妙極了。它好真，就跟我方才身歷 Cahokia 一樣真實。但那不可能是真的，是你們把我傳送到那個時點，它實際上還沒發生呢！我在山丘頂上看到的景象已是一千年前的事了。此刻，我好似在這兒，看起來也好真實，但，天啊，我也並非真的在這兒，對吧？在你們傳送我過去之前，我一直認為此時此地真實得很；你們送我過去是要讓我了解「沒有一刻」是真的！

阿頓：沒錯，你以後會有更深的體會，就讓它自然浮現於你的意識中吧！你不是一具身體，你所見到的身體沒有一個是真實的。舉凡會死亡之物，皆不是真的。J兄在《奇蹟課程》中說：

「即使為骷髏畫上玫瑰般的紅唇，把它打扮得嬌艷動人，馴養它，撫育它，你能使它重生嗎？你怎麼可能滿足於目前所活的幻相世界？」4

白莎：下回若有某個人的作風讓你不悅時，你可以把他的身體想像成一個上了發條的玩偶，那麼「無論」他說了什麼或做了什麼，都無法激怒你。你如果真的了解你所見的一切都不是真的，就根本不會為它所苦。當有人存心跟你過不去時，你便該如此看待他。

葛瑞：哦，我能了解，我會試試看的。不過，你在 Cahokia 穿成那樣又是什麼意思？存心要引起我遐想嗎？

白莎：開個小玩笑嘛，葛瑞。寬恕我吧！別忘了，人皆有所好，捨棄這些癖好並不重要，因為《奇蹟課程》所說的非關行為。你此生中肉眼所見的一切都不是真的，世間萬事萬物皆為了寬恕而來，記住這點，對你有莫大的助益。人們的種種慾望，與愛恨情仇的人際關係，都是延續前世未了的課題的。

比方說，你有一世是住在現今的敘利亞，有權有勢。你在那一世養成的對女人肚臍的性癖好，也帶到此生來了。還有一世，你耽溺在肚皮舞的享樂中，你無需為此感到慚愧。肚皮舞本來就是優雅美麗的藝術，當然，它也很性感。你那一世也很有靈氣且能言善道。敘利亞語事實上是你們現代語言中最接近亞美語（Aramaic）的語言。這個國家近代以來長年內戰，國人自相殘殺，不過，它終會恢復安寧的。

> ※你此生中肉眼所見的一切都不是真的，世間萬事萬物皆為了寬恕而來。

我想要說的是，無論是任何一「世」中的任何一「事」，你都可以選擇寬恕，因為時間不是線性的，而是全像式的，這點我們方才已證實給你看了。正因如此，你此刻選擇聖靈，就跟當初在分裂那一瞬選擇聖靈完全沒兩樣。人們尚不明白，過去種種皆發生於此刻，未來種種亦然，你此刻最要緊、也是「唯一」要做的，就是選擇寬恕。你在Cahokia看到異象的當兒，其實是在穿越心內的某些障礙。真正的關鍵，始終都在「當下」這一刻。因此，你無需憂心自己是否還有來生，也不用去管你的前世。說來說去，關鍵仍是現在，仍是寬恕，關鍵就在這一世，漸漸地你會明瞭，每一剎那其實都是同樣那一瞬間。

你還記不記得那陣子經濟蕭條時，有一位候選人的競選標語是：「問題在經濟，笨蛋！」他把焦點放在當時人人關切的事上，最後大獲全勝。好了，我們現在把這句話套用在靈修上：「問題在這輩子，笨蛋！」你這一世若能全心致力於寬恕，寬恕每一件在這世間上演的事，你便有成功的把握，這與在幻相裡的成功不可同日而語。我們只是藉用了身體與前世為例，讓你了解萬事萬物的目的只有一個，只要你專注於關鍵問題，你「終將」成功。

葛瑞：那麼，你們回來的目的是什麼？幫助我以及其他弟兄回歸正道？

白莎：是的。這一世最要緊的是真寬恕，且須臾不忘。無論你表面上寬恕了什麼事件，實際上你寬恕的始終都是與上主分裂的那一剎那。其目的即是藉由寬恕眼前之事，出離這個虛妄的娑婆世界，回歸真實的世界——天國。它無關乎你未來是否再來人間，也無關乎過往歷史。

葛瑞：我挺喜歡歷史的，不過我並不崇拜歷史人物。我的意思是，他們不過是一群恰巧碰上天時地利人和的時機、做了該做之事的人而已，現代的人給予他們太大的光環了。嘿，等等，我怎麼好像在說我自己。

白莎：協助人們定焦於寬恕，並不如你想像的那麼容易。比方說，目前檯面上相當有名氣（至少在你加入此行列前）的某位奇蹟教師，仍在教人們美化夢境，而非由夢中覺醒。

葛瑞：是啊，我聽過她跟別人的對話，有一回，有個人說他看到一個分裂心靈的幽靈飛到彼岸去，她答道：「那是實相。」但是按照《奇蹟課程》的說法，那「並非」實相。她誤導了群眾，使人看不清那唯一該作的選擇。實相是全然的天人合一之境，其餘一切皆不存在。凡是可變易與狀似分裂之物，根本就不存在。我也曾收到她的電子郵件，要人們付諸行動，好比防止種族滅絕之類的事，她還引述了一句但丁的詩：「在道德淪喪之際，還試圖保持中立之士，地獄也留有你一席之地。」你瞧，她為了鼓動人們在這幻相中做點什麼，不惜勾起人們的內疚！這與《奇蹟課程》哪扯得上關係啊？

《奇蹟課程》是這麼形容身體的：「**身體本身是中性的，知見世界裡的萬物莫不如此。**」5《課程》雖說過沒有一個念頭是中性的6，但《課程》說的是因（即心靈），而非果（即世界）。而那位教師說的卻是重整世界這類的事，這樣只是把它轉變成「美夢」，並非《奇蹟課程》的教導。她強調我們必須先把世界整頓好，「才能」出離此地。不是這樣的。所謂的美夢，與這世界所發生的事一點兒關係也沒有。待你達到像J兄或佛陀那樣的境界，才能稱為美夢，你心全然平安，無論這世界上演了「什麼」劇情。她使人們錯把焦點放在幻相上，偏離了軌道；而非將人們導向正道，讓心靈選擇寬恕，寬恕這根本不存在的一切。《奇蹟課程》說過，我們的任務「不是」把真理帶入幻相，而是把幻相帶到真理面前。

白莎：正確的引文是這麼說的：「**你若企圖將真相帶入幻相，表示你存心把幻相弄假成真，幻相便**

得以假借你對它的信心而理直氣壯地存在下去。你若能把幻相交到真相手中，就等於給真相一個機會教你認出幻相的虛假，這樣，你才有擺脫幻相的機會。別再執著於真理之外的任何觀念了，否則你等於在為真理分門別類而作繭自縛。真理是沒有層次或等級之分的，因它的每一部分都全然真實。」7

你還有什麼要補充的嗎？

葛瑞：當然有啊，不過還是得理饒人一下吧！我要說的是，試圖防止種族滅絕本身當然沒什麼「錯」，但是，你如果只想在著火的屋子裡擺設家具，而不願探究問題的真相，那就不要宣稱自己在教《奇蹟課程》，免得以盲引盲。何不乾脆承認你教的是自己那一套？如果你要教《奇蹟課程》，那就教《奇蹟課程》；想教別的東西，就教別的東西，別掛羊頭賣狗肉。

白莎：我故意提這名教師，目的是想點醒你：她並不真的存在。你得牢記，問題不在於她是否教對了《奇蹟課程》，你若真心想深入《奇蹟課程》的精神，那麼就用你所學到的知識來練習寬恕吧！我說得夠清楚嗎？

葛瑞：夠清楚了。你說得沒錯。我有時會一頭鑽進牛角尖，也等於把它弄假成真了。

白莎：既然你懂了，我們就把這個寬恕機會留給你。很好。你生命中上演的每件事，都是為了你的寬恕而來。我們說過，我們會偏重你職業上的寬恕功課，較少涉及你個人的寬恕功課，所以才會跟你談這些事的。

事實上，也無需區分「職業」與「個人」，只是碰巧你這幾年的人生際遇有了重大改變而已。職業也好，個人也罷，我現在要告訴你何謂「成功的人際關係」。仔細聽好了！重點不在對象是誰，事件或境遇為何。你抓到要領了嗎？即便外表看來這關係糟透了，事情荒腔走板了，這些都無妨。真正「成功的人際關係」形成於你願意寬恕、或已然寬恕對方的那一刻。那是將它轉化為神聖關係的「唯一」關鍵因素。

※真正「成功的人際關係」形成於你願意寬恕、或已然寬恕對方的那一刻。那是將它轉化為神聖關係的「唯一」關鍵因素。

正如《奇蹟課程》說的：

為此，所謂療癒，不過是把聖靈分享給你的弟兄，一起修正你與他的知見而已。如此，你們兩人方能一同置身於天國，恢復天國在你們心中的圓滿真相。這是創造的最佳寫照，它一邊因著生生不已之力而結合，一邊又藉著推恩之力而統一。8

阿頓：J兄還提到：

你得先知道什麼是真理，才能把真理推恩於人，這就是天國之律。這也是你的天生稟賦，不待後天的學習。但是，自從你放棄這一天賦之後，你就只好從頭學起了。9

葛瑞：說得不能再清楚了。我讀《奇蹟課程》時也看過類似的話，實在很難想像怎會有人把它解讀成別的意思，跟你們教我的截然不同。

阿頓：大多數人只能接受他們心態已準備好要接受之物。因此，有些人能因著我們的書而獲益良多，並實際運用出來；但也有些人會說你瘋了，認定我們是你杜撰出來的，你的目的只是為了賺錢。

葛瑞：真是無稽之談，我愛的才不是錢呢，我更愛性。

阿頓：其實，你這一路來尚未碰上這類刁難的人，對吧？沒遇過正面衝突，也沒有人真的當著你的面說你瘋了。這並不表示你不會碰上一兩位來踢館的，他們不過是捍衛地盤罷了。大致來講，你一直都表現得很好。

葛瑞：是這樣沒錯。嘿，你們八成已經知道，有個從新罕布夏州來的精神科醫師 William Evans 寫了一篇有關我的文章，標題為「玄奧經驗：葛瑞・雷納的《告別娑婆》是真的嗎？」他讓我先睹為快。我去拿來，念一小段給你們聽。文章一開頭，William 先提到他與我進行訪談，後來成了朋友。他不僅是精神科醫師，靈修與神秘學的研究經驗也很豐富。他特許我可以隨時引用他的說法。你們聽聽這一段：

我與葛瑞以電子郵件會友，往返信件頗為頻繁。二〇〇三年感恩節隔天，我們在緬因共享了一頓愉悅的午餐。去年三月，他邀我到維吉尼亞州的 Virginia Beach 參與他的一場演講，會場在Edgar Cayce主持的Association for Research and Enlightenment。會後，我們共進晚餐。自此，我不時參與葛瑞的集會，因而有了更多聚餐、溝通的機會。

近來，我有個強烈的直覺，認為這個際遇並非偶然，很可能是我此生目標中很重要的一件事。我是精神科醫師，但對尤迦南達（Yogananda）的生平事蹟頗有研究（譯註：尤迦南達，長年旅居美國的印度靈修大師，一八七三～一九五二），他的經驗頗類似葛瑞，而我與葛瑞私交也不錯。身為精神科醫師，我有個職業病：喜歡診斷他人是否患有妄想症，並分辨他們與一般精神病患的不同處。現在，我要以專家的身分向各位保證，葛瑞在陳述那兩位以血肉之軀出現的高靈上師——阿頓與白莎時，完全沒有妄想症的跡象（那也不是他們兩位的真名，讀過葛瑞的書的人，多半都知道了）。

看到了嗎，我沒有妄想症。

阿頓：那是因為他沒看到你的真面目。開玩笑的。好了，那麼就只剩兩種可能了：一是你說的是實話，這個經歷是真的；二是你說謊。我無意冒犯，但憑你目前的智慧，是無法自己寫出《告別娑婆》的。你雖不是那位大師所說的「混帳東西」，但也沒這麼大的本事寫得出一本「簡易版」的《奇蹟課程》，這可是許多人致力了三十幾年也辦不到的事。

葛瑞：有一位來自紐澤西，目前是英文老師的朋友跟我說，是我讓《奇蹟課程》有了「白話」版的。我要把這段話找出來給你看。

阿頓：好孩子。我們得走了，你可別忘了你的首要之務：寬恕。你上禮拜功課作得不錯，不是有輛車在高速公路上擋住你的去路，而後加速離去？當場，你很想臭罵他一頓，甚至詛咒他，但你並沒這樣做，即使你真的被他嚇了一跳。

葛瑞：對啊，那些人以為路是他家開的。

白莎：對網路上的訪客，你也要持續寬恕。遇到有人攻擊你時，你可別忘了自己的任務。

葛瑞：是啊，有些網友還真惡毒。

白莎：別把愚昧的行為認定為惡毒。

阿頓：這一回，我們離去前要送你兩段引文，一則引自《奇蹟課程》，另一則引自莎士比亞。

葛瑞：我從沒問過你，莎翁開悟了嗎？

阿頓：開悟了。

葛瑞：酷。我就知道。

白莎：記住，要讓你的心靈回到平安之境，端賴你的決定：選擇聖靈與祂的思想體系，捨棄小我的思想體系。這是返家的先決條件。你不能跳過你的寬恕功課。大家老想一下就跳到終點，立即開悟，這是行不通的。平安若是天國的狀態，那麼你的心必須是平安的，方能契入其境。若想心靈平安，你必須寬恕。就是這麼簡單。

除了將這點牢記在心，你也要依我們說過的話，反省一下這段《奇蹟課程》，無論你身在何處，都要牢牢記住。別忘了，我們深愛著你。

把信心置於永恆之上乃是天經地義的事，因永恆永遠是仁慈的，它有無限的耐心與無比的愛心。它毫無保留地接納了你，且賜給了你平安。然而，永恆只可能與始終安息於你內且與它一樣不朽之物結合。[10]

※平安若是天國的狀態，那麼你的心必須是平安的，方能契入其境。若想心靈平安，你必須寬恕。就是這麼簡單。

阿頓：在你體會身體的無意義性，且有心越過它的表相去看人們的真實面目（即完美的靈性）之時，不妨深思一下《暴風雨》中的這段話，它與我們方才引述的《奇蹟課程》有異曲同工之妙。真理就是真理，沒人能獨佔它。你聽完後，靜靜地坐一會兒。我們曉得你澳洲與夏威夷之旅會玩得很開心。保重，哥兒。

現在，我們的歡宴結束了。
我們這些演員們，一如我先前預告的，只是一群幽靈，
全都銷融於稀薄的大氣裡。
那些高聳入雲的塔、華麗的宮殿、

莊嚴的廟宇，以及這偉大的世界自身，
如此虛浮無根的景觀，
是的，凡是承繼了世界這一切的，終將銷融於無形。
像是逐漸消逝的虛幻舞台，
最後，連個支架也不剩。
我們，虛無飄渺如夢，
渺小的一生，
終將以睡眠告終。

7 白莎的〈多瑪斯福音〉

我在世人心目中一直扮演著為人師表的角色，不是被人抬舉，就是遭人排斥；我對這兩種心態，一向難以接受。[1]

幾天後，我踏上了兩萬哩長的旅程。飛了五個小時到加州轉機，然後再花十三個小時半，一路直飛至澳洲。我到澳洲四個不同的州演講，也接受了某個全國性廣播電臺的訪問。此行就像個夢一般，不只因我不敢相信自己來到了這裡，更因為我的兩位老師跟我說的事都一一應驗了。我非常喜歡澳洲，造訪了雪梨、墨爾本、塔斯馬尼亞島、黃金海岸、布里斯班，以及一個十分美麗的地方——澳洲最東邊的角——拜倫海灣。大體而言，澳洲人比美國人過得悠閒，也沒那麼拜金。我在那兒找到了些樂趣：像是看著滿天星斗，認出幾個星座，好比在南半球才得以看見的南十字星，這可是我打從孩童時期就盼望能看到的星座；我也觀察到洗手檯裡水往下流的情形，水是逆時針方向旋轉，不同於我們北半球的順時針水流，那是因南半球磁場引力所致。Raj 和 Suzanne 這兩位東家還說我挺好取悅的。

前往夏威夷又是一段長途飛行，到了那兒時，我其實挺睏的，但在機場盥洗室裡，我卻意外地發現鏡中的我臉上竟掛著笑容。我在夏威夷的期間，十分開心（至少表相看似如此）。阿頓說得沒錯，我會在這兒遇到很棒的人。我的確遇到了，也相信我未來會遇到更多。我非常喜歡夏威夷熱情、友善的人們，美麗的群島，以及溫和的氣候。我還不至於把夏威夷幻想得很完美，我知道人間沒有完美之地。只是，這兒可是我盼了三十五年才有幸踏上的人間仙境，心中真有說不出的感激。我近年旅行頗為頻繁，住在這兒也許並不合實際需求，若要在美國本土帶工作坊，每趟都得多花五個小時的飛行時間。不過，我仍盤算著有朝一日要搬到這個地方來長住。

總括來看，我似乎活得挺「超現實」的。生活雖然忙亂，我卻總是能有剛好足夠的時間與精力完成該做的事。先天上，我不是個頂有精力的人；後天嘛，我也沒有私人助理幫我打理事情，因此，我只能歸功於聖靈的安排與打點。

十二月二十一日到了，我已回到家中，滿心期待阿頓和白莎的再次造訪。雖然他們未曾明確說過會在這個日期出現，但過去這十二年當中，他們好幾回都挑這個時候來。下午我進了電影院，看了場驚險刺激、夾雜著煽情鏡頭的電影。步出戲院時，外頭出奇的冷，這才發現我還沒準備好迎接冬天的到來呢。幸好，我計畫在生日的時候（三月）再去一趟夏威夷，帶領一場「熱帶」工作坊。一想到這兒，我的冬天好似就沒那麼難捱了。我還跟J兄嘀咕了幾句，抱怨這天氣，他也提醒我別忘了萬事萬物的真正目的。

晚上，阿頓和白莎一出現，我立刻感受到與他們之間的愛。他們上回告別前所說的話，深深觸動了我。我好感激能有這樣的因緣與他們相會。這回白莎先開口了。

白莎：嗨，老弟。電影好看嗎？

葛瑞：香豔刺激。

白莎：不錯嘛。我們看到了你在澳洲與夏威夷玩得很開心。恭喜你了，那是你應得的。

阿頓：一點也沒錯。對了，Mele Kalikimaka〔譯註：夏威夷話「祝你耶誕快樂」〕。

葛瑞：多謝。也祝你們耶誕快樂。嘿，等等，這樣說合宜嗎？

阿頓：管他的。

葛瑞：是沒錯，但為免顧此失彼：Hanukah, Kwanzaa, Ramadan, Wiccan Festival of the Yule, Gita Jayanthi 快樂，還有聖多瑪斯慶日快樂，以及加拿大國慶日快樂。最後一個當我胡扯。

再次見到你們兩位，我真的好開心！你們說得沒錯，我非常喜歡這趟澳、夏之旅。不過，如你們所知，有件掃興的事。在我飛到加州前的那段國內航線上，每個旅客都緊繃得很。安檢做得既不通人情也不合常理。最有可能藏匿炸彈的地方（也就是貨艙），他們反而不去檢查，因為那可能會增加航空公司的成本；他們也不去做些能夠防制可能的地對空飛彈攻擊的措施，只會一味地讓老百姓心中蒙上陰影，好像我們都是嫌疑犯似的。

問題不在於運輸安全局（Transportation Security Administration，簡稱 TSA）做的事究竟有沒有用，而是他們利用人類的恐懼心理，取得權力，掌控這個國家，藉此謀取利益。待我到了加州，轉搭澳航後，整個氛圍都不同了，像是聞到了新鮮空氣一般。寬達航空公司（Qantas）的空服員一派輕鬆，十分樂意與旅客互動，大夥兒都開心得很，像是在歡慶什麼節日似的，生命彷彿再次活絡了起來。澳洲的安檢比較尊重個人隱私，設備也更為先進。相較之下，美國儼然成了一個悲哀的國度，我個人認為那是因為我們有覬覦掌控全世界的潛藏心態，而招來他人的憤恨不滿所致。哎呀，抱歉，我不是故意談論政治的。我們聊點別的吧。

阿頓：這兩國心態上的確不同，你說得對。在美國，「金錢」似乎已成了最重要的東西。世界各國對他國難免會有所評置，關於此，舉世對美國拜金的評論倒是毫無異議。在美國，人們活著只為了工作，然而在其他國家，人們工作多半是為了生活。美

✵雖說一切都是幻相，但在幻境中，不妨時時請教聖靈，怎樣的生活型態最適合「你」。

國企業組織標榜的，正是「活著就是為了工作」的心態，這樣才能為財團帶來最大的利益。然而，一旦眼中只有錢，生活心態就會跟著不同了。雖說一切都是幻相，但在幻境中，不妨時時請教聖靈，怎樣的生活型態最適合「你」。

葛瑞：多謝你的提醒。不過，我有問題要問。

阿頓：我們也有答案。請說。

葛瑞：是這樣的，《奇蹟課程》的出版定稿與先前幾個版本有些許不同，刪修處多半是在前五章，針對這一點，外頭有些爭議，因為前幾個版本是原稿（Urtext）。現在通稱《奇蹟課程》的「Hugh Lynn Cayce 版本」，則是海倫和比爾有一次到維吉尼亞海灘，送給 Edgar Cayce 的兒子 Hugh Lynn 的副本。最早的兩個版本並沒有出版發行，而 Hugh Lynn Cayce 版本裡也沒有〈練習手冊〉和〈教師指南〉。後來有人非法取得（我猜是用偷的）Hugh Lynn Cayce 版本，掛在網路上，讓大家下載。我提這個的原因是，我想確定我讀的《奇蹟課程》真的是 J 兄的「版本」。

好比，有一小撮的學員指控肯恩在編輯《奇蹟課程》時，隨自己喜好，更改手稿的內容。當我在維吉尼亞的 Fairfax 時，有位學員拿著 Hugh Lynn Cayce 版本跟我說：「你看，在肯恩染指這部書前，《奇蹟課程》是長這樣的。」這批指控者說，原稿的前五章有四分之一的內容在出版後都不翼而飛了；還說，J 兄在原稿中交待海倫，要由比爾打點這部書，比爾的意見也收錄在 Hugh Lynn Cayce 版本中，然而肯恩等人在做最後定稿時卻沒有商請比爾，以致後來書有點兒走樣。此外，他們還提到「上主之子」（Sons of God，Son 是複數）此辭彙在書裡出現得極為頻繁，這代表上主「確實」創造了分裂的個體。他們也主張，《奇蹟課程》教我們要在這世間做些具體之事，甚至舉〈正文〉中的一段話：「**聆聽我的聲音，學習化解錯誤，且具體予以修正。**」2 作佐證。針對這些事，兩位能為我以及其他學員解惑嗎？我雖然有自己的看法，但想先聽聽你們的說法，以茲記錄。

阿頓：有關 J 兄的教導，白莎這回有很多話要說，那麼我就讓她來回答你吧。

白莎：樂意之至。不過，你剛剛的問題是什麼？開玩笑的。我可以斬釘截鐵地告訴你，你讀的那本市面上流通的《奇蹟課程》，「正是」J 兄傳遞出來要大家研讀的訊息，那本藍皮書，就是正確版本。待我簡要說明了後，你便會知道，何以你押對寶、下對注了。

在我闢謠前，我想先點明一件事：打從一九六五年海倫開始筆錄《奇蹟課程》，直到一九七六年出版發行，這部曠世奇書始終都只有「一位」主編，那就是海倫．舒曼。比爾．賽佛從未編過這本書，肯恩．霍布尼克也沒有。據「各方」說法（包括比爾），海倫非常保護這份資料，並且視為她的「畢生大業」，同時，她也清楚自己只是筆錄者而非作者。海倫絕不允許「任何人」胡搞這本書，除非她十分贊同某個提議，且感受到那正是 J 兄的意願。希望這些來龍去脈你都能清楚了解。

沒錯，J兄的確在早期曾告訴海倫，倘遇到意見相左之時，應由比爾做最後定奪。但比爾始終都沒遇到有此需要的時候。當初J兄之所以會那樣説，是因海倫初期相當害怕，想藉此安撫她的心。但日子久了，海倫漸漸習慣筆錄過程，較能泰然處之。你看得出來，書中文字敘述愈到後面愈流暢，句句按照五音抑揚格的節拍，最後幾章更是達到巔峯，全部以莎士比亞的不押韻詩體寫出。

至於比爾，我們以前提過比爾相當了解《奇蹟課程》的真義，也因此，他稱這部書為「基督教的吠陀經」。他深知此書是純粹非二元的教導。我們待會兒會再多談一點比爾的事。

肯恩是在海倫和比爾將《奇蹟課程》記錄完畢後才出現的，他首次看到的《奇蹟課程》便是 Hugh Lynn Cayce 版本。顯然，他是不可能涉入從原稿到 Hugh Lynn Cayce 版本之間的更動。他的確建議過海倫，《奇蹟課程》的編排應更專業一點，諸如各章標題與分段的改良、大寫用字及標點符號的統一等。在此同時，海倫也有意刪掉某些J兄針對她和比爾的指示，以及那些可能在他們專業領域才懂的事。她甚至在序言中也提到，他們在幾個小地方做了一些修正，從來無意隱瞞此事。所刪修的部分皆無足輕重，絲毫沒有更動原意。海倫在編輯的過程中一直受到J兄啓發，J兄雖未明示編輯細節，但海倫當時的確在靈性層次與J兄同在。

葛瑞：一位名叫 Richard Smoley 的學者（他不在這場論戰之列，因此他的言論挺客觀的），他有一篇報告是研究《奇蹟課程》三個版本的差異，我來引述他最後的結論：「差異『微乎其微』」。也就是意義未減，適讀性更增，對吧？

白莎：對。這些微乎其微的差異絲毫不減整本《奇蹟課程》的意思。好了，我們現在就來釐清一下那些只顧以訛傳訛，而不實地操練《奇蹟課程》的人所質疑的事情吧。你提到他們說前五章有百分之二十五不見了。嗯，百分之二十五聽起來挺多的，是吧？但這說法公道嗎？會不會是刻意混淆視聽？〈正文〉可不只五章，它共有三十一章。若以整個〈正文〉來看，海倫刪除的只有百分之三，而非百分之二十五。原稿的〈正文〉共六百九十二頁，出版發行時有六百六十九頁（譯註：此指英文版《奇蹟課程》），也就是保留了百分之九十七。再者，〈正文〉還只是《奇蹟課程》的一部分呢！

全書包括〈練習手冊〉與〈教師指南〉共一千三百八十五頁。因此，若能公正地看待此事，便不難發現，海倫刪除的僅占整本《奇蹟課程》的百分之一點七，而非百分之二十五。真正刪掉的只有百分之一點七，大部分在前五章，正值海倫筆錄的七年中最初的磨合適應期。現在，我們不妨回過頭來看看，那些人為什麼這麼在意前五章的些微變動？有沒有可能想藉此堂而皇之地「不」操練《奇蹟課程》，而只想把它解讀成自己喜歡的樣子？這不過又是個小我障人眼目的伎倆，存心使人偏離真理。

你還提到他們說「上主之子」（Sons of God，Son 是複數）這個辭彙出現得非常頻繁，因而有些人讀前五章看到這個字眼時，自行解讀為：上主「確實」造出了不同的個體。但事實上那是初學者對《奇蹟課程》的誤解。《奇蹟課程》中所說的 Sons of God 實際上指的並非實相境界，它指的是聖子奧體（Sonship）狀似分裂的各個部分，也就是「自以為」分裂的生命個體。《奇蹟課程》也用過單數的 Son of God 這個字眼，用以表示「基督」，即與上主全然合一之境，也是每個人的真實面目。整本《奇蹟課程》三部書前後都如此一貫，在這些辭彙上大作文章，實在是不智之舉。

你又提到，他們認為《奇蹟課程》要我們在世間做些具體之事，並引述了〈正文〉的一段話：「**聆聽我的聲音，學習化解錯誤，且具體予以修正。**」事實上，它要你「做」的事是：交託給聖靈。這屬於心靈層面，「絕非」指世間的任何事。倘若你在寬恕後有了靈感想做點什麼，那很好，但這並非《奇蹟課程》的宗旨。你若教別的東西，那就走錯方向了。

肯恩．霍布尼克（一位很有涵養的學者，目前是《奇蹟課程》首屈一指的教師）一直到一九七二年才出現，那個時候，海倫和比爾已完成了歷時七年之久的《奇蹟課程》原稿，肯恩當時根本沒有參與其中。論年紀，他比他們小多了；若論職位，他也比他們低。試問，在這樣的情況下，海倫和比爾怎麼可能讓肯恩更動《奇蹟課程》的內容？這簡直說不通！你倒是可以想到一堆他們「不」讓他介入的理由，卻找不到一絲理由可支撐那種論調。肯恩在一九七三年讀了《奇蹟課程》，隨後兩年協助海倫編輯此書。出版前，海倫再度逐字逐句地校訂了一遍，確保內容正確無誤。她是整本書的主編，也是做最後定奪的人。

接下來，我們來談談比爾・賽佛吧。那些對此書有所疑慮的人，似乎在刻意迴避比爾這個名字，好像此書的最後定稿都沒找他商議似的。說得客氣一點，這種說法真是無知且有欺瞞之嫌。當初，主張此書開頭的奇蹟原則應有五十則，而非四十三或五十三則的（因海倫打字稿裡有不同的分類），正是比爾。在他的堅持之下，《奇蹟課程》出版成書時，原則成了五十則，卻沒有為〈正文〉增添或刪除任何內容，不過重新編排了一番。還有，〈正文〉的最後一段必須獨立一頁，而非拆成兩頁〔譯註：此指英文版《奇蹟課程》〕，也是比爾的主張，這正是目前書中呈現的模樣。

那些謠言把比爾說成好似圈外人，既不曉得事情的進展，也沒人問他意見，他更無從表達他的看法。不是這樣的，事實上，比爾不是個一絲不苟的人，而編輯卻是個需要注意細節的工作。不過，每當編輯上有任何變動（好比某段要移動），他們都會先徵詢比爾的意見，而比爾若有什麼重要想法，他也會表達出來。這就是實際情況。好了，現在換我們反問那些不願操練《奇蹟課程》，只顧著雞蛋裡挑骨頭的人吧。

海倫和比爾（以及肯恩、茱麗、鮑伯）不都很滿意用「心靈平安基金會」這個非營利機構出版成書的最後定稿麼？他們五位就是最早的成員，不是麼？當初海倫不是親自現身於加州，與比爾、肯恩和茱麗（Judy Skutch）一起發佈《奇蹟課程》出書的消息？比爾曾不只一次在公開場合引述書中節語，他退休後於聖地牙哥的讀書會中用的也是這個版本，不是麼？《奇蹟課程》出版後，在海倫在世的五年與比爾在世的十年間，他們可曾表示過這本書有不妥之處或不適合大眾研讀之類的言論嗎？

認為《奇蹟課程》的出書過程，比爾從頭到尾被蒙在鼓裡，這種論調好聽一點是「有違事實」，難聽一點叫「混淆是非」。倘若比爾和海倫仍在世，我相信他們也會舉雙手贊成的。問題是，你要相信誰？相信當事人，還是後來那群想佔有《奇蹟課程》，按自己想要的方式去詮釋，而不願實際操練之人？

葛瑞：我喜歡你的反問。多謝了，白莎，我受益匪淺。至於其他弟兄，就讓他們自己選擇吧！其實，那些人散佈的那套說詞，未曾動搖過我。我的意思是說，倘若聖靈能見一切，那麼，他們怎能指望我相信J兄將《奇蹟課程》交給海倫和比爾會是所託非人？難道J兄不知道肯恩和茱麗後來會出現？他們等於在說，J兄將所有訊息傳遞給海倫，讓她筆錄了七年、打點大小事宜，卻早知他的訊息會被胡搞？這沒道理嘛！這種論調真像狗屎，而且還是成堆發惡臭的狗屎。

白莎：別說得太過火了。總之，你手上那本《奇蹟課程》正確無誤。J兄選擇海倫與比爾時，當然清楚未來的發展會是如何。假使訊息到他們手上會走樣，又怎麼可能找上他們？如同《奇蹟課程》所說的，他能由時間告終之處，看到所有已然發生與行將發生之事。J兄也提到：

「我選你作為上主的交流管道是個正確的選擇。」3 那些推崇《奇蹟課程》其他版本，而不採納現行版本之人，都落入了小我的圈套。J兄在《奇蹟課程》中是這樣說的：「……喜歡爭議的人，不難找到藉口。而有意澄清自己觀念的人，也會如願以償的。然而，他們必須心甘情願地罔顧那些爭議，明白那只是一種抵制真理的反應、存心拖延的伎倆而已。」4

存心找碴與以訛傳訛的人，目的無他，就是使原本可能操練《奇蹟課程》的學員錯失焦點，見樹不見林，而延誤對真理的體驗。如果這是他們真想效力的方向，那麼悉聽尊便。但是，真理永遠守候在那裡，等待有意澄清觀念、甘願具體寬恕之人找上門。只要有心，自會有所體驗，這才是《奇蹟課程》真正的目標。

阿頓：好了，我們現在來談談「分裂」吧。小我的本領就是分裂。世上一切都是分裂的（即使僅透過死亡而顯現），因為這裡的一切都是分裂之念的象徵。別害怕，只要還具有任何形式，分裂就無可避免。所有的教會、靈修團體無一倖免，皆會遇上某種程度的分裂，而且狀況還不少呢。你的任務便是寬恕它、持續操練《奇蹟課程》。設若奇蹟團體內有任何外在形式的分裂，也得切記，超越之道「絕非」從表相下手，而是透過寬恕，予以化解。也就是從心靈層面下手，與外在現象毫無關係。

相信你一定記得，卡爾・榮格（Carl Jung）在他晚年看到徒弟們將他的學說轉變為許多不同的樣貌後，所說的一句話：「還好我是榮格，不是榮格學派（Jungian）。」好了，既然萬事萬物都會變遷與分裂（不論是在教會、哲學、心理學、靈修的領域，或者任何組織團體中），那麼，哪一種形式才是最正確無誤的？

葛瑞：我不知道。哪一種？

阿頓：動動腦啊，葛瑞。假使某個東西分裂了，它的哪一個形式可能是最正確的？

葛瑞：我知道了！最正確的是：在第一次分裂前的形式！

阿頓：正是。記住這點，尤其在《奇蹟課程》內容有爭議而你又不確定該相信誰的說法時。如你所知的，「心靈平安基金會」的元老是：海倫、比爾、肯恩、茱麗和鮑伯，他們在第一個爭議產生前就在那兒了，也就是說，他們的說法會是最正確的。

還有，你應該也注意到了，肯恩、茱麗和鮑伯至今仍是好友，如果海倫和比爾還在世，他們這群基金會元老也仍會是好友。比起其他靈修團體的早期成員，他們好多了。事實上，你若想擁有更多寬恕機會，我建議你到靈修團體裡去混，你會找到不少寬恕機會的。

白莎：這是必然的。那些存心找《奇蹟課程》麻煩的人，不會承認海倫和比爾使用的《奇蹟課程》版本是正確的；正如教會當年絕不會承認〈多瑪斯福音〉早於其他福音。但這確實是真的，而且，它也是另一個絕佳的例子，告訴我們何以在第一次分裂前的形式總是最正確的。

J兄釘死於十字架後，有些門徒得知J兄並沒有真的死亡而大受鼓舞，有些則因師父的殞落而一蹶不振。於是，我就與達太以J兄的教誨為基礎，成立了一個小宗派（sect），最後我們寫成了幾個卷軸，也就是後來的〈多瑪斯福音〉，不過，我們當時只稱它為〈語錄〉（*The Sayings*），至少翻譯過來是這個意思。此外，還有一個以J兄說過的話為基礎寫成的福音也是正確的，名為〈師父的話〉（*Words of the Master*）。我先前跟你提過，它就是著名的Q文件，那三本所謂的《對觀福音書》（*Synoptic Gospels*）：馬可、馬太，以及路加福音書，都是根據此文件抄襲借用而來的。他們把他們不贊同，也就是與日後保羅的宗教理論不符的部分，都刪除了。

最後，〈多瑪斯福音〉與〈師父的話〉都被教會剔除掉，不見蹤跡，如今只剩一九四五年在埃及Nag Hammadi附近出土的那本遭增修過的〈多瑪斯福音〉。我說過，裡頭有三分之一是我原著裡沒有的，那是在耶穌受難到西元第四世紀這本福音「湮沒」的三百年期間，後人添加進去的。至於〈猶大福音〉，實際上是後來諾斯替教派的文獻，當中不僅未闡述多少真理，甚至加了很多J兄不曾說過的話。

教會除了銷毀許多福音外，還設法將傳遞J兄訊息的幾位主要教師從歷史上除名。因此，那些最優秀的教師反而不為基督徒與世人所知。沒錯，大家認得「我」，不過，我在大家心目中只是「缺乏信心的多瑪斯」（Doubting Thomas）。《新約》裡的故事甚至刻意貶損我，那是因為教會受不了〈多瑪斯福音〉的威脅。我實在太有名了，他們剔除不掉我的名字，只好竄改歷史。其餘教師的故事也幾乎消失了。我現在就要來談談兩位傳遞J兄訊息的優秀教師。

司德文（Stephen）是最早的一位。他是早期一位教會領袖，也是筆錄〈師父的話〉的成員之一。當時，保守派的人士都跑去跟隨J兄的兄弟雅各（James the Just），而祕教徒（當然J兄就是祕教）則大都追隨三位教師，我也是其中一位。

司德文與我相當，都是老師，也都有一本很棒的福音，只是我們當時並不稱福音。他相當有名氣，因他在許多J兄造訪過的地方集結信眾，忠實地傳遞了J兄的訊息。在J兄受難後的許多年，他頗具影響力。然而，《新約》出現後，又經過幾世紀教會的竄改，司德文的地位經他們胡搞後，已大為貶損。沒錯，《新約》的確提到他了，〈使徒行傳〉第六、七章中確實暗指他是位了不起的教師。但那樣的篇幅根本呈現不出他成就的事蹟。我要引述一小段〈使徒行傳〉中的話，裡頭如實地描述了司德文的死因：

司德文充滿了恩典與德能，在民間顯大奇蹟、行大徵兆。當時有些稱為「自由人」會堂中的人，以及古利奈與亞歷山大人的會堂的人，還有些屬於基利家與亞細亞各處會堂的人，前來與司德文辯論。但他們都不敵司德文的智慧，因為他是透過聖靈發言。

〔譯註：〈使徒行傳〉在天主教的譯稱是〈宗徒大事錄〉，以上譯文採用後者〕

接著又描述他們是怎樣給他冠上「褻瀆神明」的罪名，而置他於死地。令人難以置信的是，當時掃羅（後人稱聖保羅）也在場。〈使徒行傳〉是這樣說的：「掃羅對殺害司德文一事也表贊同。」記得嗎？掃羅不斷迫害基督徒，直到他受不了自己的罪惡感而良知發現。再者，這個事件是在耶穌受難足足二十年後才發生的，當時掃羅尚未接手J兄的志業（他後來才把J兄的教導轉化成另一套宗教神學）。司德文能言善道，忠實地將J兄的訊息傳遞給人們。反觀當時的基督教，是以宗教形式建立起來，它成了一條條的信念，而非教人以一種新的眼光看待世間萬事萬物。我所謂的「看待」，指的是聖靈的慧見。J兄所教導的眼光，是要我們越過世間的表相，直探它的實相。這也是司德文所傳的訊息，但教會卻置若罔聞。

根據史料（包括遭竄改的歷史），在眾多傑出的教師中，當屬抹大拉的馬利亞（Mary Mag'dalene）最了不起。我們在《告別娑婆》中已澄清過，馬利亞並非J兄所救的那名原本要被眾人拿石頭砸死的妓女，現在不妨再提一下，因為顯然有些人仍搞不清楚，馬利亞是J兄的夫人，猶太教的經師從不要求獨身。J兄視馬利亞與他自己相當，她也真的不負眾望。為此，不少人嫉妒她。這世界就是如此，那時馬利亞已開悟了，但門徒們仍受人性弱點所困。

跟〈多瑪斯福音〉一樣，如今流傳下來的馬利亞的福音，幾世紀來已遭修改，只剩下斷簡殘篇了，但你仍能從中窺見J兄與馬利亞的足跡。抹大拉的馬利亞可算是傳達J兄訊息最為完整的一位教師，也許這是因為她非常了解J兄吧！兩人有如一體。有個有趣的現象是：很多J兄的追隨者都是女性。兩千年前的猶太文化是不太允許女人像男人那般選擇修行路的。但由於J兄一視同仁，無形中也鼓勵了女性加入他的行列。於是消息漸漸傳開，女性修行人遂成了他非常重要的「工作人員」。她們是「先遣部隊」，在其他女性同修家中預先準備好食宿，讓男性同修在四處傳道之際有棲身之所。

J兄受難後，馬利亞心裡很清楚J兄安然無恙。她也是第一個看到J兄以肉身再現的人。當然，J兄的復活，目的是為了告訴世人身體的非真實性。這點，馬利亞完全了解，司德文、達太和我也有某個程度的認識，只是不如馬利亞那般透徹。其他門徒更是不懂這件事的真義，有些人反而藉此崇拜J兄這死而復生的肉身。

馬利亞是傳佈J兄訊息的箇中翹楚。人們常聽得入神，近乎渾然忘我。前來聽她佈道的人，女性也常占相當高的比例。大致而言，因為較為成熟，女性在修行上的成長往往比男性來得大。這並不表示男性都比不上她們，而是人數上沒有那麼多。在當時那樣的文化下，女性可不願再聽從那些要冠在她們頭上一輩子的傳統觀念，因而十分慶幸能有此機緣聆聽馬利亞講道。

我不打算在此深入馬利亞的教學內容（與J兄的教導無異）以及她的福音。我想把焦點放在〈多瑪斯福音〉上，它也是我畢生最重要的經驗。近來已有很多人開始談論馬利亞，未來也會有。不過，我仍要在此破除一個訛傳，J兄和馬利亞並沒有子嗣。即使他們真有後代，所謂的「嫡系血脈」對J兄也毫無意義，完全偏離了焦點。而且，就算發現有個人遺傳了J兄的基因，那又如何？J兄要世人看出身體的「無意義」，而非光耀它。即便是他的子嗣，也像世間兩代的遺傳一樣，未必繼承前人的靈性異稟。

你的焦點應永遠放在操練寬恕以返回天家，而不在身體與形式的層次。你「不能」把物質靈性化。世人老想找救恩的「替代品」，只求跟隨一個成道者，能把救恩「灌」給他們。那是行不通的。更有甚者，有人在外頭宣稱是某某大師，能傳授你大師級的法門，這也是可笑至極。要是你釘根釘子，刺穿他的手腕，他肯定痛得哇哇叫。J兄才是名副其實的大師，他感受不到任何痛苦，因為無咎的心靈是不可能受苦的。根本沒有「嫡系血脈」這回事，若真有這回事，也只會引人步入歧途而已。

※世人老想找救恩的「替代品」，只求跟隨一個成道者，能把救恩「灌」給他們。

葛瑞：酷。馬利亞、司德文，還有個謙卑的多瑪斯……你們這一夥人相處得可好？開玩笑的。

白莎：事實上，非常融洽。我知道你是開玩笑的，打從我們《告別娑婆》最後一次來訪後，你開始浮現不少身為多瑪斯那一世的記憶，以及你與J兄相處的情景，對吧？

葛瑞：你怎麼什麼都知道？講一個來聽聽。

白莎：也許我們改天可以談一談。不過，我知道你此刻心中另有盤算。

葛瑞：真是什麼都瞞不了你！我想做個小實驗，唸個東西，跟《奇蹟課程》與〈多瑪斯福音〉有關。你們覺得如何？

白莎：別把我愈搞愈糊塗了。開玩笑的。不過，你得先講個笑話，我們不能講了那麼久都沒來點娛樂。你在工作坊中總能使大家開懷大笑，這非常好。還有，你講課時的清晰也讓人印象深刻。

葛瑞：因為我有好老師啊，而且外在助力也不少。總之，多謝了，鼓勵的話當然多多益善。好了，笑話登場：兩千年前的某一天，耶穌在路上走著。當然，他當時並不叫耶穌，我們姑且在笑話裡這麼稱呼他吧。走著走著，突然碰上了一群人，他們準備要對一名妓女丟石頭。那是當時的法律，一旦你抓到妓女，就要拿石頭砸死她，即使你一小時前才跟她溫存過。這些人看到耶穌來了，想到一個法子整他。你知道，他們並不喜歡耶穌，他是個叛教的猶太經師，不屈從他們珍視的法律。因此，他們想修理他，打算設個陷阱，要讓耶穌親口說出他們不該這樣對待那名妓女。在當時，光是服從法律還不夠，你得贊同法律。要是你說出任何有違真神之律的話，就算是褻瀆上主，下場跟違法者一樣慘。於是，當耶穌走向他們時，群眾中有個人對他說：「猶太經師，我們逮到了一名妓女，現在打算對她處以擲石致死罪。按法律，我們該這麼做，你覺得呢？」

好啦，如果你想拉個人去阻擋耶穌的去路，那麼你得起個大早才行。耶穌看了看這群人，而後說：「你們當中有誰自認為沒有罪的，就讓他來丟第一塊石頭吧。」結果，群眾全放下了手中的石塊，因為沒有一人敢說自己無罪。這麼一來，耶穌不但救了那名妓女，也給大家上了一課，並且自己也倖免於難。你瞧，這句「你們當中有誰自認為沒有罪的，就讓他來丟第一塊石頭吧。」說得多好，簡直為整件事劃下完美的句點。

說時遲那時快，突然冒出一名老婦，手上拿著一個好大的石塊，走到妓女面前，朝妓女的頭丟去，把她砸昏了。耶穌看著那位丟石塊的老婦，對她說：「拜託，老媽，請你別插手我的事，好嗎？」

阿頓：真好笑。很高興看到你沒把修行這回事看得太嚴肅。現代人要是能看到J兄當時無傷大雅的幽默，也會十分驚訝的。好了，你說的實驗呢？

葛瑞：嗯，我想唸一下網路上《告別娑婆》討論專區裡的一個問題，以及某個成員的回覆。不只因為我贊同回覆者的觀點，更是因為他這番話好似一個轉捩點，給予我們一種新的方式看待J兄。畢竟，J兄是開悟之人。當然世人也能從《奇蹟課程》與失傳了一千六百年的〈多瑪斯〉這類福音中，對他有新的認識。回覆者的話提供了我們另一個看待世界的方式，與被教會刪掉的那些早期福音中的許多觀念不謀而合。你們覺得如何？

阿頓：唸吧。

葛瑞：好的。這是網路上《告別娑婆》討論專區裡，一位匿名的傳統基督徒寫的：

真理就是耶穌基督的福音。福音裡講的是，基督降臨世間，為的是要藉著他在十字架上的死亡與復活來拯救這個世間。

基督的降臨不是為了傳給我們神的真理或奧祕。他來，是要為我們的罪而死，我們方能因此而得救，與上主同享永恆。

我留言不是為了要辯論，或有其他目的。我的一個親戚介紹我看《告別娑婆》這本書，我才會進入這個留言版瞧一瞧的。

留言寫到這兒。

這是典型的基督徒對J兄的認識。他甚至摘錄了「使徒信條」的片段掛在網上。好了，現在要唸住在紐約的 Rogier F. van Vlissingen 的回覆，他是 *The Gospel as a Spiritual Path* 的作者。我唸的時候，會用「J兄」這個名稱取代「耶穌」。我已取得 Rogier 的同意，可摘引他這篇回覆。我覺得他點出了《告別娑婆》問世以後的新氣象。Rogier 的回覆如下：

嗨，我想，這是不同的人對J兄有不同的看法吧。基督教對J兄的詮釋若對你有用，你是該堅信不疑，然而，許多人都覺得不受用，我父母也是，他們在我兩歲半時離開了教會。原因之一是，他們由十九世紀中葉「新教神學」（Protestant theology）中流佈的訊息得知，基督教其實是保羅神學的產物，不能代表J兄的教導。自此，在我成長過程中，我對J兄的概念一直都是「活生生的臨在」，是我們隨時都可求助的「上主幫手」。「J兄因我們的罪而死」這種觀念，依我看，不過是鬼扯瞎說，是針對J兄的一種宗教理論，根本與J兄的教導背道而馳。

後來，我接觸到《奇蹟課程》，J兄在裡頭詳盡地解說十字架的訊息為何，它「不是」神子因我們的罪而犧牲，而是告訴我們一種永恆的愛。我很清楚，這正是我畢生尋找的J兄，那是打從心底的一種體認。我這輩子鑽研過不少經文，包括希伯來文的《舊約》，以及希臘文的《新約》，如此，我才無需依賴那些我並不太信任的譯文。我研讀時，重點總是擺在J兄說的話，而非他人（保羅，或其他門徒）的解說。從《新約》的故事可得知，眾門徒即使絞盡腦汁想探清J兄的語意，也仍一知半解。至於保羅表面上的篤定與清明，我猜可能是一種掩飾，他對自己在前往大馬士革路上經歷的「耶穌顯現」仍懷有相當大的疑慮。因此對我而言，保羅的話最不可靠。他文辭雖美，卻脫不了仇恨與罪咎的框架，其中之最即是：將J兄十字架的訊息解讀成「因我們的罪而死」。

簡單來說，J兄的教導讓我受用，保羅的則否。而在《奇蹟課程》與近年問世的《告別娑婆》

中，我看到J兄釐清了後世對他的那套宗教說詞。我很早就注意到多瑪斯的福音，裡頭J兄所說的，顯然皆「非二元」的觀點，那與使徒保羅的神學理論是很難相容的，雖然，因著你解讀的不同，你會覺得保羅的理論與其他福音好似沒多大衝突。開始時，教會視〈多瑪斯〉為晚期作品而棄之不論，但許多學者從內部資料得知，這部語錄形成得相當早，約公元五十年，早在保羅與其他福音完成之「前」，我們還可從中看到沒有使徒保羅色彩的J兄原始教導。

我個人覺得，這一說法很有道理，若由初期教會竄改歷史的軌跡來看是可了解的。我們從中得知，J兄無意成立宗教，儘管他出身於猶太世界，卻堪稱為普世導師。我們也不難看出基督教的意圖，他們想盡辦法削足適履，將J兄的教導嵌入一個宗教組織的框架裡，主導了人類歷史兩千年。由此觀之，我們的確有別的方式可以認識J兄，只是這些途徑歷年來一直遭到壓抑、破壞而被人遺忘，今時今日又重現於《奇蹟課程》與《告別娑婆》，以及其他的學派。

總之，你喜歡哪一套，就堅持下去吧。對我來說，《奇蹟課程》的模式對我很受用，而《告別娑婆》則以該課程為主軸，這也是此討論區探討的主題。如果你有興趣，不妨進來瞧瞧；若否，那也無礙。這兒沒人有興趣理會兩千年來基督教教會那內部傾軋與分裂的歷史。我們只想著眼於另一種眼光，而《奇蹟課程》給的正是這個眼光。

《告別娑婆》的登場，讓J兄在《奇蹟課程》中的教導有了「簡易版」，且與〈多瑪斯福音〉

的主旨相呼應。這挺有意思的，因為〈多瑪斯〉顯然難以與保羅神學契合，處處挑戰他的基本理論。簡言之，它提供我們對J兄的另一種認識，與正統基督教神學大相逕庭。

葛瑞：我覺得他說得很有道理。

白莎：他切中了要點，哥兒。事實上，他還幫忙引出了我準備要給你的小小驚喜。

我說過〈多瑪斯福音〉裡頭有三分之二是J兄真正說過的話，其餘三分之一是後人魚目混珠的。你們目前的〈多瑪斯福音〉版本有一百一十四條語錄，其中四十四條是我在印度被處死後，到書被埋在埃及的這三百年當中，別人加進去的。我這回不打算解說這些語錄，只把屬實的七十則以英譯讀出，直接跳過偽造的四十四則。讀者不妨用聖靈的思想體系來解讀箇中含意，其中二十二則我在《告別娑婆》中提到，也加以解說過。

那二十二則待會兒也會唸到，只是不加解釋。我會用我自己的「標準聖經修訂本」的方式把它整理出來，以貼近J兄當時所說的話。不過你得記住，我說過，那二十二則較貼近你們的文化，其餘的，含有很濃的東方味道，對西方人而言，可能會感到格格不入。重要的是，無論你讀什麼經典，終究都應以聖靈為前導，作為自己的「解經師」。這是你回復本來面目（也就是靈性）不可避免的過程。

你無需此刻就得了解每則語錄。但我仍十分鼓勵大家更深入《奇蹟課程》三部書，重溫《告別娑婆》系列書籍，因那是J兄以「現代」語言傳遞出的訊息。切記，J兄必須以當代人們所能了解與接受的文字、符號，跟他們說話。他當時在〈多瑪斯〉中以那樣的方式佈道，必有其因；他今日在《奇蹟課程》中以這樣的方式傳遞真理，也必有其因，而我們在《告別娑婆》系列中助他一臂之力。J兄在《奇蹟課程》中是這麼說的：**「聖靈負有化解小我妄造的使命。祂必須進入小我的運作層面才能予以化解，否則心靈無法領會到其中的改變。」**—[5]因此，即使訊息的內容與聖靈的愛沒變，形式上仍得改變。〈多瑪斯福音〉與《奇蹟課程》裡的訊息皆純粹非二元，請記得這一前提，即使書中以比喻的方式描述分裂的世界，以及那些自認為活在其中的人們。

這七十則是現行福音裡正確的語錄（或稱 logia），我願親自為它背書。若你喜歡，不妨稱它為「白莎的〈多瑪斯福音〉」，以與 Nag Hammadi 版本區分，它代表的是兩千年前的耶穌。由於當時的語言不同，我引述的並非真正J兄口說的話，但已盡可能用最貼近的英文表達出來了。好好享受吧。

看到J兄的話能在今日重現，讓「耳尖」的人們聽到，我很開心。兩千年前要分享這些觀念絕非易事。不過，那也無礙，反正時間是虛幻的。

我的原版裡沒有編號，不過，我仍會按現行有編號條例的福音順序讀出，這有助於讀者對照閱讀（也許有人會想與其他版本與譯文做比較）。至於那些魚目混珠的語錄，我會直接跳過，因此下面的編號並不連貫。假使有人想把〈多瑪斯福音〉重新編列為這七十條，歡迎之至。

Nag Hammadi 版本中編號第六與十四歷經多年混淆，編排有誤，我會將兩則當中正確的部分取出來合併為原貌。第十三則中，我並非以第一人稱的方式記錄，因當時J兄是跟眾人說話，而不只針對我。還有，在 Nag Hammadi 版本編號第一百一十四則中說道，女人必須轉化為男人後，方得入天堂。這一則顯然是偽造的，與福音前面的語錄明顯牴觸，實在很難想像會有人相信。

我今晚說的已是最貼近當時亞美語的譯文了，是當今世上唯一完整的福音，如實呈現J兄的訊息。當然，他那段時期教導的不只這些，我所說的只是我福音裡真正記載的部分。要記錄J兄在他生前最後幾年所說的發人深省的話，可得耗掉不少筆墨呢！

我想，由我自己的下一世來重述J兄在〈多瑪斯福音〉中的語錄，也算是一種圓滿結局吧。兩千年前，我筆錄J兄的話，現在又由你完成此大業。這本福音總算能正確無誤地以它的原貌流傳下去了。

（我把標題也加了進來。白莎口述這七十則語錄，為求正確，我完整地錄音下來）

白莎的〈多瑪斯福音〉

這是生活的耶穌在世時私傳的語錄，Didymus Judas Thomas 記錄。

§1 他說：凡是發現這一語錄的詮釋之人，不會嚐到死亡的滋味。

§2 J說：尋覓者，別放棄尋覓，要鍥而不捨，直到找著為止。他們一旦找到了，會感到坐立難安。坐立難安之餘，他們會驚嘆不已，最後統御一切。

§3 J說：倘若你的老師告訴你「看啊，上主的國度在天空」，那麼飛鳥會先你而入。若他說「它在海裡」，那麼魚群會先你而入。其實，上主的國度就在你內，而你無所不在。一旦你認識了自己，所有人都認識你，你就會明瞭，我們原是一個。但你若不認識自己，你便活在貧困中，成了貧困。

§4 J說：歲數大的人應當毫不遲疑地去請教小孩子生命的意義，那人才能活下去。因為最先的會成為最後的，他們終將變為同一個人。

§5 認清你面前事物的真相吧！原本隱蔽不知的便會為你開啟，因為沒有任何隱密之事不會啟示出來的。

§6 門徒問他說：「我們需要守齋戒嗎？我們該當如何祈禱？我們必須行善佈施嗎？飲食該守何種禁忌？」J說：「若你到了某個地方，走在鄉野村道時，有人收容你進家中，他們招待什麼，就吃什麼。畢竟，進入你口中的，不會污損你；反倒是出自你口中的，使你無所遁形。」

§8 J說：有個聰明的漁夫撒網到海裡捕魚，網子拉上來時，裡頭盡是小魚。但他發現其中有條肥美的大魚。他留下了大魚，把所有的小魚扔回海裡。在座耳聽者，請諦聽！

§9 J說：你們看，播種的人出門了，手抓一大把種子撒了出去。有些種子落到馬路上，被飛來的鳥群吃掉了。有些則落在岩石上，無法生根，也無法結實。有些落到荊棘叢中，困在雜草中，被蟲兒吃掉。還有一些落到肥沃的土壤上，長出好莊稼；有的每穗六十粒，也有每穗一百二十粒。

§11 死人活不起來，活人則死不了的。

§13 J對門徒說：「拿個東西比喻我吧，說說看我像什麼。」西門・彼得回答：「你像一個正義的天使。」馬太回答：「你像一位充滿智慧的老師。」多瑪斯回答：「師父，我實在無法用言語形容你像什麼。」

他帶著他，引退下去，跟他講了三件事，當多瑪斯回到朋友那裡去時，他們問他說：「J跟你說了什麼？」多瑪斯跟他們說：「我只需跟你們講其中的一條，你們大概就會拿石頭砸死我了，那麼連石頭都會起火，吞噬你們的。」

§17 J說：我要給你們的，是眼所未見、耳所未聞、手無法觸及，且不曾浮現於人心的事。

§18 門徒問J說：「告訴我們最後的結局吧！」

他說：「你已經找出了開始的起點了嗎？所以你才會探索終點的問題？因為起點在何處，終點便在何處。穩立於起點上的人是有福的，因為那人知道終點是怎麼一回事，而且不會嚐到死亡的滋味。」

§20 門徒問J說：「請告訴我們，上主的國度是什麼樣子？」他答道：「它就像一粒芥末種子。雖然它比所有種子都小，一旦掉落在耕耘過的土壤中，便會長成龐然大樹，還可供飛鳥棲息。」

§22 你若能把兩個當成一個，你若能把內在的當成外在的，外在的當成內在的，高高在上的當成低低在下的，你若能把男的女的都視為同一個了，那麼男的就不是男的，女的也不是女的了……那麼，你就能進入天國了。

§23 我選擇了你們，由千人選其一，由萬人選其二，被選者最後成了一個。

§24 門徒問道：「顯示我們你的境界吧，我們必會奮力追尋的。」

他答道：「有耳的，仔細聽吧！光明之人身內存有光明，它能照亮全世界。它若不照耀，必是黑暗。」

§26 你看到你弟兄眼中的木屑，卻看不到自己眼中的大樑。等你把自己眼中的大樑取出時，才能看得清楚，並且幫弟兄取出眼中的木屑。

§28 我立於世間，發現世人皆醉，沒有一人感到口渴。他們雙手空空地來到人世，又試圖雙手空空地離開人世。在這期間他們沉醉不醒。只要他們丟下他們的酒，雙眼自然就睜開了。

§31 先知在自己的家鄉是不受歡迎的，醫生也醫治不了自己的親友。

§32 J說：一個建立在高山上且堅若磐石的城市不可能倒塌，也無法隱藏。

§34 J說：若瞎子引領瞎子，兩人都會掉進坑裡去。

§36 不要從早到晚，又從晚到早地操心你的穿戴。百合花從不工作，也無須紡衣織布。

§37 當你能毫不羞愧地褪去身上的衣服，像孩童般擺在腳下踐踏時，你便會看到生命之子，而不再害怕。

§40 一株葡萄藤已被種植在天父之外，因為它不夠強壯，人們會將它連根拔起，任其枯萎。

§41 J說：凡是已擁有的人，會得到更多；一無所有的人，則連僅剩的一點兒都保不住。

§42 作一個人間的過客。

§45 荊棘中收割不到葡萄，刺薊中也結不出無花果。

§47 一個人無法同時騎兩匹馬或是拉兩張弓；一個僕人也無法同時伺候兩個主人，否則他不是恭奉了這一位，就是冒犯了那一位。
沒有人喝了陳年老酒後，立刻想喝新酒的。也不會將新酒灌入舊酒囊裡，否則酒囊會破裂；陳年老酒也不能裝在新酒囊裡，否則酒會腐壞。不能拿舊布補新袍，否則會扯出裂縫來。

§48 J說：若兩人能在一室中重歸和好，當他們對著山說：「移到這兒來。」山便會過來。

§49 獨自蒙受上天揀選的人是有福的，你必會尋得天國；因為你來自那兒，也會重返那兒。

§51 門徒問他：「死者何時才能得到安息？新世界何時才會來臨？」他答道：「你們所盼望之境早已來到，只是你們不認得罷了。」

§52 門徒告訴他：「在以色列佈道的二十四位先知，他們全都提及你。」他答道：「你們視而不見眼前這位生者，卻只談論著死者。」

§54 貧窮的人是有福的，因為天父的國屬於你的。

§56 任何人若看清了世界，他在世上只會看到死屍；凡是能夠認出死屍的人，世界對他便沒有任何價值了。

§57 上主的國度就像個擁有優良種子的人。他的對頭趁夜前來，在優良種子中播撒草籽。但他並沒叫工人拔除這些野草，反而對他們說：「不要拔，否則你們可能在除雜草時，把麥穗也拔了。等到收成那天，野草會長得特別醒目，我們便可拔除並燒毀它們。」

§58 J說：那已然寬恕而找到生命之人，真是可喜可賀！

§59 趁你還活著的時候，眼光轉向生活之主吧！否則等你死時，想要去看生活之主，卻無法看到了。

§61 我是來自那完整無缺的一位，天父的一切賜給了我，因此我說，一個人若重歸完整的，必然充滿了光明，一個人若支離破碎，必然充滿了黑暗。

§62 J說：我要把我的奧祕傳授給已準備好接受的人。千萬別讓你的左手知道你的右手在做什麼。

§63 有個富人擁有許多錢財。他說：「我要善加利用我的錢，這樣我便能耕種作物，收成後再重新播種，讓我的穀倉堆滿了作物，如此，我便一無所缺了。」他在心裡這樣盤算著，但當天晚上，他死了。

§66 J說：把建築工人丟棄的石頭拿給我看吧，它將成為屋子的基石。

§67 J說：那些無所不知，對自己卻一無所知的人，實際上他什麼都不知。

§70 J說：你若能活出你內在原有之物，那麼你原來擁有之物能拯救你。倘若你內沒有那樣東西，那麼你內沒有之物會置你於死地。

§72 有個人跟他說：「請你叫我的兄弟讓我一起分割父親的財產吧。」他回答那個人：「弟兄，我何時成了分割者了？」於是轉身對他的門徒說：「我可是一個分割之人？」

§75 J說：門口站著好多人，但只有無伴者方能登堂進入那新娘的閨室。

§76 J說：上主的國度好比一個精明的商人，他擁有一批貨物。一天，他發現了一顆珍珠。精明的他賣掉所有的貨物，為自己買下那顆珍珠。你們也是啊，要尋找那永不朽壞的寶貝，沒有飛蛾能吃掉它，也沒有蟲子能損毀它。

§79 群眾中有位婦人對他說：「孕育出你的子宮，以及餵哺你的乳房，可真有福氣。」他告訴她：「能聽聞天父之語，並謹守奉行的人，才真是有福。因為，有朝一日你一定會改口：『那從未懷孕過的子宮，以及未曾餵哺過的乳房，可真有福氣。』」

§80 J說：凡是已認清這世界的人，必也看清了這具身體；凡是已看清這具身體的人，世界對他不再有任何價值。

§85 J說：亞當來自大能與極富，但他比不上你的價值。因為，他若比得上，是不可能嚐到死亡滋味的。

§86 J說：狐狸有穴可居，飛鳥有巢可棲，但人們卻沒有一處可安身。

§87 J說：得靠其他身體而活的身體，真是可悲啊！得依存於那些身體的靈魂，也真是可悲啊！

§88 J說：信使與先知們會來到你身邊，帶給你原屬於你之物。同樣的，你也給他們你所擁有之物，然後問自己一聲：「他們什麼時候會來領取原屬於他們之物呢？」

§89 J說：你們為什麼要清洗杯子的外層？難道你們不知，造出內層之人也正是造出外層之人嗎？

§90 J說：到我這兒來吧，因為我的軛是輕輕鬆鬆，我的教誨也是溫柔的，你會在其中尋得安息的。

§91 他們對他說：「告訴我們你是誰吧！我們才好相信你。」他告訴他們：「你們能夠仰觀蒼天、俯察大地，卻無法了解你們眼前這個人，你們絲毫不懂檢視當下此刻之道。」

§92 J說：去找，你便會找著。以往，你們問我這些事時，我沒答覆你們。現在，我願意告訴你們，你們卻不再追尋了。

§94 J說：凡是尋找的，必會找著；凡是敲門的，必會為他打開。

§95 J說：你若有錢，不要出借以索取利息，而應施捨給那些無法償還的人。

§96 J說：上主的國度好比一位婦女，抓起少許酵母，摻到麵團裡，讓它發酵，做成一塊塊大麵包。在座有耳朵的，願你們聽分明了。

§97 J說：上主的國度又好比一個提著滿滿一罐糧食的女子，走在一段遙遠的路上，罐子把手斷了，食物沿路灑在地上。但她不曉得，沒發現任何問題。等她到了家，把罐子放下來時，才發現裡頭空空如也。

§99 門徒跟他說：「你的弟兄與你的母親正站在外邊。」他回答他們：「在座承行我天父旨意的人，就是我的弟兄與我的母親。他們將會進入天父的國度。」

§100
他們拿了一枚金幣給J看，並對他說：「羅馬皇帝的人要我們繳稅。」他告訴他們：「就將屬於皇帝之物交給皇帝，屬於上主之物交給上主吧。」

§103
J說：知道叛徒會在何處下手攻擊的人，真是可喜可賀。因為他們可以早作準備，在叛徒到達之前，儲備天賜的資源，整裝以待。

§106
J說：當你能將二者合而為一，你便成為亞當之子。當你說：「山啊，移開這兒吧！」它便會移開。

§107
J說：上主的國度就像個養了一百隻羊的牧羊人。有一天，最大的一隻羊走失了。他丟下九十九隻羊，尋找那隻羊。歷經千辛萬苦，找著牠後，對牠說：「我愛你，勝過其餘九十九隻羊。」

§108
J說：凡是能飲自我口中的人，必會肖似於我，我會親自變成那個人，隱而不彰的奧秘從此向他開啟了。

§109
J說：上主的國度就像是個田裡藏有寶藏，自己卻不知曉的人。他死後，寶藏留給了他的兒子，但他兒子也不曉得，繼承了這塊地後，把它賣給了別人。買主在田裡耕種時，發現了這份寶藏，於是把錢借給他想借的人，以賺取利息。

§110
J說：願發現這個世界且從中致富之人，能捨棄這世界。

§111 J說：蒼天與大地將在你面前捲起，凡是與生活之主共存的人，必然見不到死亡。我不是說過麼：「凡是已找到自己的人，世界對他便沒有任何價值了。」

§113 門徒們問他說：「天國何時才會來臨？」他說：「它不會因著你的等候追尋而來臨的，它絕不是人們所指的『看哪，在這裡！』或是『看哪，在那裡！』而是，天父的國已經遍佈大地，人們卻視而不見罷了。」

（我們三人不發一語，靜靜地坐了一晌。我的心靈好似被提昇到另一境界。接著，我打破沉寂，問了一個問題）

葛瑞：天啊，白莎，這真是太不可思議了，句句打動我心。整部福音好似一氣呵成，都活過來了。我彷彿看到J兄當時說這些話的情景。其實，我第一次聽到他的聲音時，就是你方才唸到的第一百一十條那幾句話。後來，我才逐漸了解他的種種用意：讓我更深一層地認識他。

我有個問題：我曾翻閱過這本福音，方才聽了你的修正版後，我注意到你的某些語錄好似短了些。

白莎：我說過，有幾條語錄是遭人魚目混珠進去的，同樣的，有些語錄中的話，也是後人加油添醋的。我剔除了那一部分。還有，有幾則我在《告別娑婆》中提過的語錄，這回都變得較長，因為我想給你更完整的全文。

葛瑞：你何不上次就直接給我完整版？

白莎：我通常會這樣，但當時的目的只是要給你一點有關這本福音的概念，而這次才是要給你「整本」福音的原貌。

葛瑞：喔，那可真謝謝你了。

白莎：該謝的是我。現在你要做的，就是「再次」把正確的〈多瑪斯福音〉傳遞出去。

葛瑞：榮幸之至。

阿頓：好了，我們也該告辭了。我相信，在我們「銷聲匿跡」的期間，你應該不會找不到事做吧？

葛瑞：事情可多哩，行程排得滿滿的。

阿頓：五天後，也就是耶誕節隔天，會有個可怕的天災（我姑且用「天」災這個字眼）。小我還沒可惡到讓這種事發生在耶誕節當天，因此，隔天才會找上門。受波及的災民大多不是基督徒，但整個基督教界都會很關切此事，因此我才會提到這個節日。你就順勢把這場災難當作教材，告訴人們，它與上主毫不相干，真正的上主不會帶給人恐懼，祂是充滿愛的神。

兩個月後我們會再來。我們知道你會持續操練寬恕的。

葛瑞：我愛你們。

白莎：我們也愛你。

（瞬間，沙發上空無人影。五天後，史上最強的一個地震襲擊印度洋，造成大海嘯，二十幾萬人因而喪命。就跟許多天災一樣，一開始，大家還搞不清楚狀況，日子一天天過去，才知道事情的嚴重性。我發現自己一個值得反省的心態：當阿頓一說受波及的災民大多不是基督徒時，我便不太耽心這場災難的來臨，因我猜想得到，它一定是發生在大老遠的國家，對我們的威脅不致太大。在美國，我們往往認為美國人的命「比較」值錢。在各種事件、境遇與人際關係上，某些身體總是看起來比其他身體多些「特殊性」。

我並不是說，我一點都不關心這場災難。我「一度」擔憂過，但我發現，這些年來的經驗讓我對海嘯有了不同的看法。這並不代表我的反應有別於常人，我也滿腔熱血地捐錢、盡棉薄之力。然而，當我這麼做的時候，內在的我卻清楚知道，我不過看到了自己投射出的一個夢。世界根本就不存在，這不過是大夢一場，我可以看出這些受難者的真實面目，視他們為完美的靈性，而非身體。肉眼顯示給我的是分裂之夢，而將它弄假成真的，正是我的小我。這是「我的」夢，目的是要讓我誤信自己是個身體，因為，倘若那些受難者是身體，那麼我勢必也這麼認定我自己）

新的一年開始了，這一年會比去年更為忙碌的。不知怎的，我並不在意。那些看似不同的歲月，如今看來都沒兩樣了。它們都不是真的。在這層領悟底下，是多大的自由啊！

8 展望未來

你的小我從來就不是問題，因為上主從未創造過它。你的靈性也從來不是問題，因為上主親自創造了它。1

這兩個月，《告別娑婆》更廣為人知了，隨之而來的邀請活動塞爆了我的生活，從早上一睜眼，一直排到晚上闔眼入睡前。我想，一般人恐怕都不曉得一個知名作者平常都在忙些什麼吧：寫作（以我為例，便是筆錄《告別娑婆》系列書、寫些文章與工作計畫）；回覆電子郵件與來電；安排行程；四處旅行；演說；宣傳；接受雜誌與電台專訪（多半用錄音的）；與人會面；準備講稿與工作坊課程；以及其他一堆檯面下的事。而大眾看到的只是檯面上的你：公開演講、帶工作坊、簽書會，以及媒體採訪等。

大多挺好玩的，只是也免不了有許多寬恕的機會。好比，在我四處旅行演講的時候，偶爾會遇到踢館人士，他們多半誤信謠言，而對《告別娑婆》有所誤解。我其實沒什麼好抱怨的，畢竟，樹大招風，要不是書太紅了，哪會毀譽並至呢！不過，要我坐視不管還真難，尤其是碰到那些有違事實的言論時。難道要任由他們誤導大眾，不去澄清真相嗎？網路這種東西尤其令我頭痛，它為意圖不軌的人提供了一個大放厥詞、積非成是的管道。

這問題挺棘手的。雖然阿頓早已提醒過我要寬恕網路上的人，但要我眼睜睜地看著他們扭曲我們的書，談何容易。我腦中同時盤繞著幾個問題想請教阿頓和白莎，是有關《告別娑婆》中他們提到的事。此外，我個人也想多知道一些這顆星球未來的命運，儘管這一切都是幻相。因此，與兩位上師寒暄後，我就開門見山提問了。

白莎：近來可好，哥兒？

葛瑞：酷斃了。歡迎你們再度駕臨寒舍。

白莎：我們很高興來訪。

阿頓：是啊。你想到這本書的書名了嗎？

葛瑞：想到了。

阿頓：那好，我已等不及了。書名叫什麼？

葛瑞：我打算叫它 *The Hidden Messages in Beer*（啤酒罐裡的秘笈）。

〔譯註：愛喝啤酒的葛瑞常用 beer 來開玩笑。在《告別娑婆》第四章，阿頓問葛瑞對書名有何靈感時，葛瑞便故意把當時很流行的書 *Love Is Letting Go Of Fear*，改為 *Love Is Letting Go Of Beer*〕

阿頓：還不賴，但不是這個。繼續與上主結合，你會有靈感的。

葛瑞：容我直接發問了：假使網路上有人盡說些不實的話，中傷我、我們的書，以及其他相關訊息，我該坐視不管，任憑他們為所欲為嗎？

阿頓：我告訴過你要寬恕，不過，我該加些補註了。是的，你「永遠」都要寬恕。但你若在寬恕後，覺得有必要採取行動，也「永遠」要探問聖靈一下，你是否該做什麼。記得，聖靈「絕不會」在這世間做任何事，然而，祂可以給你靈感，給你一些指點。

葛瑞：你的意思是說，終歸一個原則：聖靈並不會為你創造出一格停車位，但祂會給你靈感找到停車位。

阿頓：嗯，我喜歡你這個比喻。一點兒也沒錯。而且，最重要的是，讓祂接手，你等於開始化解分裂之念，不至於愈陷愈深。

葛瑞：所以，我寬恕了之後再探問祂。

白莎：時間充分的話當然如此。有些狀況迫在眉睫，你可能就來不及請教了。打個比喻，假使有名女子快遭狼爪侵犯，她可沒時間與聖靈結合，請求祂的指引。像這種情況，她得應變以保護自己。那可不是操練《練習手冊》中那一課「自我防衛表示我受到了攻擊」[2] 的時候。記住，《奇蹟課程》解的是心靈的層次。如果你是女人，碰到有人要非禮你，你就往他私處踢過去。

阿頓：謝了，白莎，多謝你的經驗談。也就是說，若有人攻擊你，而你尚有轉寰餘地，那就寬恕。寬恕後，若不覺得需要回應，那就別回應。若覺得有回應的必要，那麼，請聖靈接手。祂的指引可能是「算了吧，什麼都別做」，也可能要你做點什麼。但除非你真感覺到祂的指點，清楚知道下一步，否則最好別輕舉妄動。你了解了嗎？

葛瑞：了解。接下來，我想問你們幾件你們以前提過的事。有位從英國來的人說，倘若莎士比亞是位伯爵，那麼他應屬貴族（nobility），而非皇室成員（royalty）〔譯註：參閱《告別娑婆》第十一章〕。但你們當初說他是皇室成員。你們是不是搞錯了？

阿頓：不是，抱歉，弄錯的是你，老弟。我們當初提到，伊莉莎白女王一世認為當時的戲劇，尤其是喜劇，有辱「貴族」的品味，但你後來筆誤為「皇室」。當然，它也有辱皇室的品味沒錯。錄音帶中那段錄得不清楚，你記錄時才會誤寫了字。別自責，整體而言，你已做得非常好了。如同你在《告別娑婆》的自序中說的，你並非完美的人。

葛瑞：好吧，我還挺能接受自己的不完美的。那麼，「傑佛遜聖經」（Jefferson Bible）呢？你說過它很快就會問世，有心想看的人都能讀得到〔譯註：參閱《告別娑婆》第六章〕。你說完後沒多久，這部聖經就真的在Monticello〔譯註：位於美國維吉尼亞州，是傑佛遜逝世的地方〕展示，供大家參觀，但該書的經文卻是在那之前就出版發行，且為人所知了。你們怎麼說？

阿頓：說什麼？

葛瑞：你們講錯了啊？

阿頓：不。事實上，我們提到「傑佛遜聖經」的那個時候，這本聖經並不易取得。是在我們說了後，它才比較普遍的。

葛瑞：好吧。我只是問個好玩，這些都不是大問題。真正引起反彈的是這個說法：人類是從火星遷移到這兒，並非在地球上自行演化出來的〔譯註：參閱《告別娑婆》第十二章〕。《告別娑婆》的多數讀者對此並沒產生多大疑慮，但我提到的那兩個人可氣炸了！他們說，人類的DNA有百分之九十七與猿猴相同，且化石記錄也證實我們是從猿猴進化來的。針對這點，你怎麼回應？

阿頓：我們為我們說過的話擔保。人類是從某個遙遠的星球遷移到火星，後來又從火星遷移到地球上的。你們的化石記錄只能算是一種記錄（evidence），而非證據（proof）。那些斷簡殘篇不能真的證明什麼。它們不過顯示出某種可能性，而那恰巧是錯誤的。至於人類的DNA有百分之九十七與猿猴相同，那又如何？根本不能據此證明你們是從猿猴進化而來。外頭有好幾種外星人，要是他們哪天緊急迫降地球上，像羅斯威爾市（Roswell）那次事件一樣，如果你們為他們檢驗DNA，且公諸於世的話，大家便會知道他們的DNA同樣也十分近似於你們。你們還指望能從其他的類人生命體中找到什麼不同的東西？事實上，你們有一派科學理論已為此做了解釋。沒錯，有關人類為何出現於這有形幻境的問題，進化論並不是唯一能解釋的科學理論。

在這有形有相的宇宙裡，生命的種子在浩瀚的星際中互通聲息。事實上，RNA和DNA便是由別的太陽系植入或傳入的，它也存在於其他地方，研究這種現象的科學就叫「泛種論」（panspermia）。但千萬別藉任何理論來轉移你的焦點。與其探究宇宙的奧秘，不如多注意一下這個宇宙的成因。

你說的那些人顯然深信人類是從猿猴進化而來，且認定它是事實。但這觀念乃是根據「我們是一具身體」的信念，然後進一步去找出身體的起源以證明它的真實性。

葛瑞：對啊，許多人都篤信進化論。學校這樣教，人們就這樣相信。

阿頓：盲從。

白莎：可別忘了，從古至今，人們信以為真的事，最後都幾乎證實是錯的。今年證實的科學現象，下個世紀就被推翻掉。這是因為每種理論、科學研究都受到當代意識型態的左右，或是研究經費的獎勵制度使然（the carrot-and-stick syndrome）。這會讓人見果不見因，別太當真了。當然，科學也有它利益眾生的一面，尤其是物理學已證實，你無法將一物徹底與另一物分開。因此，人們需要自行接受這些觀念。然而，並沒有多少科學家心甘情願接受自己的邏輯推衍出來的結果，他們明知宇宙是個幻相，卻不願昭告世人——這是他們得靠科學家這個身分維生時，避免不了的陷阱。但說話回來，你沒這層顧慮，就有話直說吧！

阿頓：你手上的寶貴訊息可得分享出去。許多人活得意興闌珊、意志消沉。像《奇蹟課程》這樣的教誨最能對症下藥。

葛瑞：是啊，但，即使握有良方，卻乏人問津，又能如何呢？

阿頓：該來的自會找上門。你無需全世界都贊同你的說法。世界並不存在。只要將訊息分享給那些好似由你的心靈分裂出去，如今已準備好聆聽的人即可。

葛瑞：這正是我在做的事，老兄。我還有一些關於未來的事想請教，如果你們不介意的話。我知道，它並沒有真的發生，因此也無足輕重，但你們在《告別娑婆》中開了先例，談到了一些未來的事，這回我能繼續問嗎？

白莎：我們談的一向不都是你有興趣的事麼，葛瑞？這正是我們想把寬恕具體帶入你的生活中的一種手法。我們的教誨不只是理論，它們可以實際運用於任何你感興趣，及你夢中發生的事上。真實的寬恕就是如此運作的。〈練習手冊〉在談到觀念的運用時，是這麼說的：「**就在運用之際，你會看出它的意義，明白它真實不虛。**」[3]

阿頓：只要記住這一點，問吧。

葛瑞：好的。許多人說馬雅的曆書只到二〇一二年，那表示世界末日將會在那個時候來臨。你們在《告別娑婆》中未曾提及此事。我在想，你們告訴我下個世紀的事時，是不是忘了提到世界末日？

阿頓：不是的，抱歉。那並非世界末日的時刻。二〇一二年是一個循環的結束，而非人類的終點。新循環的展開代表一個全新階段的開始。我們之前沒提到此事，正因它只是個循環、一個新的週期。也就是說，它週而復始。因此你所見的，都是老早就發生過的事，只是換了個形式罷了。人們總喜歡大驚小怪，殊不知這實際上只證明了，變遷得愈多，就表示愈是一成不變。這世界一再上演的，不過是老戲新唱，劇本一點兒也沒變。正如智者所云：「太陽底下無新鮮事。」說得一點都沒錯。

> ※你所見的，都是老早就發生過的事，只是換了個形式罷了。

葛瑞：所以，沒有所謂的末日啟示，也沒有因地軸變動而導致人類瞬間凍死這類事囉？

阿頓：沒有。新週期會有許多好事間雜著不少壞事。「二元」就是如此。好事是，你會看到美國更有誠意地協助各國減緩全球暖化的現象。在這問題上，美國過去的表現實在難辭其咎。事實上，海水溫度上升的結果，的確讓天候產生了某些狀況。今年大西洋便會有二十七個颱風與颶風，創史上新高。海水溫度每上升零點一度，便會造成更多的暴風雨，而且平均威力也增強。這種趨勢會持續下去，直到你們開始正視這個問題……，但得等到新總統上任。

此外，科學家也觀察到冰河的融化與暴增的雨量導致太多淡水注入海洋，會產生一些連環效應。過幾年，環保聲浪四起，加上許多主流科學家的警告，將會迫使美國付諸行動，開始與其他國家合作，為多數人的福祉而努力，有別於現在「管他世界如何，關心我們這些少數人的利益就好」的政策。不再出賣孩子們的將來，而會躍升為一個合乎潮流的政府，為下一代打造一個像樣的地球。

科學家不斷呼籲，石化燃料造成的熱氣滯留會導致氣溫上升，若再不停止使用，冰帽將會融化，到了這個世紀末，海平面便可能上升三英尺，不僅吞噬沿海聚落，且會有更多水旱災與暴風雨侵襲。只要環保聲浪與日俱增，政府最後是不可能充耳不聞的。別忘了，要扭轉這個局勢還需要一段時間，因此，人們仍會在各種極端天候狀況（酷熱與嚴寒）下受盡威脅。全球暖化會造成各種反常氣象，但終將穩定下來。而這樣的全球合作，也讓人們對未來感到樂觀。

現在，我來釋放一個「利多」消息吧：儘管每天播出的新聞都很不中聽，但今日的人們其實過得已經比以前好多了。人類一百年前的平均壽命是四十九歲，現在已達七十五歲。到了這個世紀末，平均壽命會增至一百歲，屆時假使有人活到一百三十歲，也不足為奇。人們也許還沒感覺到，但環境確實比過去安全穩健。若非如此，人類怎會活得比以前久呢？

葛瑞：我相信是的。只不過，權謀者最慣用的伎倆顯然是利用人們的恐懼心，如此，人們不能不仰賴政府的保護，即便這個政府的政策顛三倒四的。嘿，這令我想起某句老讓我發笑的話。大約一世紀前，有位麻薩諸塞州名叫 Henry Cabot Lodge 的美國共和黨參議員，他的孫子也是參議員，曾在一九六〇年尼克森競選總統時當他的副手。有一次，Henry 在美國參議院發言時（當時正值經濟大危機），對他的同僚說：「還有什麼表面功夫我們可以做的？」我每回想到都覺得好笑。

白莎：是挺可笑的。當然，要是在現在這個電視廣播時代，他也許在公開發言時會謹慎一些。回到我們方才的話題，別忘了我們說過，人類史上空前的經濟成長就要來臨。我們可沒改變這個說法。

葛瑞：所以，你們兩位的意思是，未來人類會活得更久，大體而言「明天會更好」，而且，雖然我們把環境搞得烏煙瘴氣的，但到了二〇一二年新循環的開始，又會有新氣象。聽起來很不錯嘛！那麼，壞消息是什麼？

阿頓：嗯，我先提其中一件，今年開始你們會聽到更多有關伊朗領袖的消息。從「有形世界」這一角度來看，這傢伙算是壞消息。他正是諾斯特拉德馬斯（Nostradamus）〔譯註：法國星相學家〕所說的，那位行將成為西方世界最大威脅的男子。他是個激進份子，不是那麼容易搞定，也不是那麼容易打發的。這傢伙真的神經錯亂。

葛瑞：你在《告別娑婆》中提過，恐怖份子會在大城市裡引爆核彈〔譯註：參閱《告別娑婆》第十五章〕。他是不是幕後黑手？

阿頓：正是，就某層面而言，他須負很大的責任。當然不只他有份。只是，沒有他，這事便不會發生。他的確難辭其咎。

葛瑞：我看《告別娑婆》的書稿時注意到，我當初問這問題，用的是「大城市」（major city）這個字眼，而不是「美國城市」。所以，受到攻擊的城市不見得在美國，對吧？

阿頓：我們不會具體指稱地點的，頂多透露，像特拉維夫和倫敦這類城市，跟紐約和洛杉磯同樣容易成為目標。無論是哪裡都應謹慎提防這一世紀對文明世界的最大威脅：恐怖份子的核武攻擊。某些政府很支持這種恐怖行動，尤其是伊朗。

葛瑞：等等，怎麼聽起來好像不只一個城市會受到攻擊？

阿頓：你上回問的是「會不會有大城市受到攻擊」，我們回答「是」，事實也是如此。但請記得，我們不會告訴你細節。之所以會跟你提這些，用意是給你寬恕的機會，這也正是萬事萬物的真正目的。

葛瑞：我記得的。可是，你們當時明明預言，道瓊工業指數在五十年內會達到十萬點〔譯註：參閱

《告別娑婆》第十五章〉。如果那個時候人們活在核武威脅的陰影下，怎麼可能有這樣的經濟成長？

阿頓：關鍵在於危機處理，或者至少表面看來好似處理了。你知道的，九一一事件後，股市一片慘綠，但那只是暫時現象。不久後，人們發現那些上市公司仍繼續營運，自然會回籠買股票。在恐怖份子的核武威脅過後（包括以牙還牙：以核武摧毀涉入恐怖行動之國家的首都），人民總算鬆了一口氣，商業活動也會比以往更為頻繁熱絡。繁榮景象雖非一蹴可幾，但終會來臨。未來的五十年經濟會成長，人們會爭相購買股票。等到表面的塵埃落定後，人民寬了心，自然願意打開他們的荷包了。

葛瑞：對啊，我也注意到，去年（九一一事件後近三年）飛機上仍看不見孩童，但再過了半年左右，突然間多了不少，攜家帶眷遨遊的情景又回來了。可見人們已不再那麼害怕劫機的威脅了。不過，你好像暗示，真正的威脅存在於其他地區，是不是這樣？

阿頓：我不會用「真正的」這種字眼。切記，你所見的一切「都」不是真的。你的本來面目才是真的，凡是真實的，便不會受到任何威脅。還有，我並不是說每個班機都保證安全，我說的是，恐怖份子正著手策畫更為慘烈的事件。

葛瑞：嗯，你好像也暗示，德黑蘭會被回敬以核武。

阿頓：我不告訴你哪個西方國家會遭殃，自然也不會指明哪個城市會遭報復。

葛瑞：真教人難過。我的意思是，世界好不容易在不動武的情況下，安然度過了過去這六十個年頭。真希望能繼續維持下去呢！

阿頓：試問天底下有哪個武器製造出來卻沒有派上用場的？你若不想使用它，那就別製造它。沒錯，從廣島和長崎挨了原子彈，到現在核武的蠢蠢欲動，這世界已有六十年沒有大動干戈了。但若想長治久安，你得終結衝突的真正源頭才行。這源頭就是「心」(mind)。

白莎：我告訴過你，除非人們心中有平安，否則世界不可能和平。問題必須在「因」的層次上去解，而非「果」的層次。若干知名的教師說，人類生而純潔，像一張白紙，是後來被世界玷污的。這說法有誤。人生下來就是如假包換的小我，而後漸漸「本性畢露」。要不是小我老早就存在了，人類根本不會來到這裡。但話說回來，每一次來到人世，也同樣是化解小我與永斷生死輪迴的機會。同時，你若想要世界和平，唯一恆久且有意義的方法，便是幫每一個好似活在世上的人達到心靈平安。J兄在《奇蹟課程》中是這麼說的：你眼睛所看到的，乃是「**描述你內心狀態的外在表相**」。[4]

※人生下來就是如假包換的小我，而後漸漸「本性畢露」。要不是小我老早就存在了，人類根本不會來到這裡。但話說回來，每一次來到人世，也同樣是化解小我與永斷生死輪迴的機會。

近年來，美國政府內部熱烈討論著增設一個「和平部」的可能性，這立意很好，但外交策略不是已嘗試了一輩子了嗎？無可否認的，當年成立國際聯盟、成立聯合國，與現今「和平部」的藍圖，原始構思都很理想，本身也並沒有錯，只是，別指望它們能發揮什麼作用。只要你還想在這世界「內」尋找世界和平之法，充其量只有短暫的效果，因為那等於在問題所不在之處解決問題，而非從問題所在的根本下手。

※只要你還想在這世界「內」尋找世界和平之法，充其量只有短暫的效果，因為那等於在問題所不在之處解決問題，而非從問題所在的根本下手。

別忘了，《奇蹟課程》在提及所謂推動世界和平的問題時，說得一針見血，因為這無關乎烽火的平息，該平息的是導致戰爭的「因」：

> 不要誤把休戰協定當作和平，也不要以為妥協能幫你擺脫衝突的糾纏。從衝突中解脫，表示所有的衝突都已過去了。大門已經開啟，你正動身撤離戰場。你不會因為槍聲中止片刻或恐懼減輕一點便又開始留戀那片烽火之地，瑟瑟縮縮地奢望戰爭可能從此一逝不返。戰場上絕無安全可言。你只有居高臨下俯視一切，才可能不受戰火波及。一旦陷身其中，從此安全無望。[5]

因此，只要教導人們如何不受世間表面衝突的威脅，其餘一切他們自會照料。

葛瑞：真酷。要不是我繼續追問你們有關未來的情景，我恐怕都快忘了你們提過的某些事。好比，你們說過氫氣將是未來的主要能源〔譯註：參閱《告別娑婆》第十五章〕。真是這樣嗎？

阿頓：是的。只是美國和歐洲並不同步。美國未來幾十年的主流交通工具會是混合式的引擎汽車，人們會發現開這種耗油量較少的車子挺不錯的。而歐洲則投注更大的精力發展氫能源。因此，將來歐洲會在這個領域內領先美國。這又牽扯到下個世紀世界強權的分佈狀態。一方面，美國已不如當年擁有那麼多的工程專家；另一方面，歐盟與中國大陸則已體認到數學、科學與前景規畫的重要性。美國向來只看重眼前利益，短期間還能撐得下去，但長遠來看就行不通了。

由於美國沒有積極投資於教育與前景規畫，它會漸漸落後歐盟，未來歐盟會成為最強的經濟動力。中國大陸也會崛起，但誘因不足，因為大部分人民無法分霑其利。這下子，你看到歐盟的絕對優勢了，歐洲有足夠的資本主義，人民有充分的誘因；再者，它也有足夠的社會主義基礎，人民由此得到醫療保健等民生福利。

在美國，人民破產的首要原因竟是被龐大的醫療費用壓垮。你們國會現在還雪上加霜，不僅逼著這些身體健康有問題的人去跟國會官員所效命的銀行、醫院及信用卡公司做抵押，甚且默許公司以欺騙手法，止付資深員工的退休金。

然而在歐洲、加拿大以及其他政策比較健全的國家，人們不必耽心會因生病而失去一切。這就提昇了「誘因」。美國既缺乏智慧、悲憫之心，也沒有前瞻性，不肯好好投資數學與科學教育，光是那股貪婪，就夠讓你們國家在幾十年內落後歐盟，失去經濟霸主的地位。諷刺的是，這個國家乃是從英國那兒掙回自由，算是當時保守封建時代中的一股改革清流，今日自己卻反成了保守派，跟不上時代，落後於當年它所反抗以及被它視為友邦的國家。

葛瑞：既然如此，道瓊工業指數怎還會達到十萬點？

阿頓：因為它搭上了世界經濟繁榮的便車。時代變遷的第一個徵兆即是歐洲的強勢崛起。

葛瑞：能再多告訴我一些未來的趨勢嗎？

阿頓：會有令你嘆為觀止的「量子電腦」、利用航空軌道載送大量貨物的「太空梯」。此外，觀光客能上月球漫遊，甚至還有遠距傳送（teleportation）的誕生，諸如此類之事都會在不久的將來出現。

葛瑞：遠距傳送？你是說，像「星艦迷航記」裡的傳送方式？

阿頓：許多科學事實，早先都在科幻小說中出現過。你可以回想一下，在那一系列影集中，他們使用一種名為「傳呼器」的工具相互聯繫。在當時，那簡直是個科幻物品。如今，你們幾乎人手一支手機，而手機不就像影集中的傳呼器麼？

葛瑞：對啊。你們可知手機有什麼好處嗎？十五或二十年前，我們會看到一些精神異常的人晃來盪去自言自語，現在他們不必這樣了，他們可以講大哥大。當然，有些人走來走去講著大哥大，實際上另一頭並沒人在聽。

阿頓：未來的太空之旅並不一定都得搭太空船。有時人們可藉由「光子傳送」（beam）的方式到達遠地。現在飛到月球通常得花上幾天，但有朝一日，你們只需三秒鐘就可把人傳送到那兒去。真的，若你能透視下個世紀，你會發現穿梭於太空乃是很普遍的事。研究人員現在已能將光束穿透實驗室椅子，成功地傳輸到另一頭，這項技術將會廣泛地運用到全部有形生命上，因此人類也能「光子傳送」到另一地。這項技術無論從哪方面來看，都比其他太空旅行的途徑佔優勢。

白莎：今天就談到這兒了，老弟。我們可不想讓你的想像力飛得太遠。你還有很多事要做呢。只需謹記萬事萬物的目的就夠了。在你穿越你的夢，穿越這場你自編自導、卻因遺忘而顯得十分真實的電影時，寬恕你所營造出來的一切，回歸上主那兒。看出每個人的無罪本質，這才能真正顯示出你的智慧，你也才能認出自身的無罪本質。好好享受接下來的幾個月吧。

阿頓：好，祝你玩得開心。

葛瑞：謝了，二位。哪天你們有興致，歡迎順道來我的工作坊玩玩。

他們離去後，我待在原地靜靜地沉思著他們方才所說的事。頓時我了解到，他們的教誨可總結為一句話：世間的唯一存活之道，就是隨時隨地準備好寬恕，無論外界發生了什麼事。如此，你方不致被這些事所困。我覺得自己像個觀者，與J兄一同與時間浮沉，我滿懷感激兩位朋友教導我的一切，也從容地為下一個更高的生活型式準備，並且心安理得地享受此刻生活所帶給我的快樂時光。

✵世間的唯一存活之道，就是隨時隨地準備好寬恕，無論外界發生了什麼事。

9 阿頓是誰？

聖靈的天音，不是命令，因為它不會如此傲慢或強勢。它也絕不強求，因為它沒有控制你的企圖。它更無意征服你，因為它從無攻擊之意。它只是在旁提醒。是它所提醒的訊息本身讓你不得不信服。1

接下來的幾個月挺瘋狂的。我去了拉斯維加斯，參加一場由我的新出版商 Hay House 所主辦的大型座談會。拉斯維加斯真可說是幻相之最。事實上，對街那家旅館的名字剛好叫做「海市蜃樓」。知名作家露易絲・賀（Louise Hay）是這次座談會的首席講者，我坐在觀眾席上，出乎意料地聽到她公開說我是她近年來的「良師」之一，《告別娑婆》給了她時時操練寬恕的動力。我聽了備感榮幸。

我自己也在猶他州鹽湖城所舉行的「奇蹟課程大會」上做了個專題演講，贏得全場起立鼓掌。我覺得，可能平時的寬恕讓自己有了些許長進，才會激起如此的迴響吧。兩位上師的教誨使我受益匪淺，一路走來，我也愈來愈體會到「真寬恕」的實用性，它截然不同於世間傳統的寬恕。

成功也是二元世界中的一個夢，它能帶給你欣喜，也同樣會招致失望。就拿《告別娑婆》來說吧，它的銷售量明明已高居《紐約時報》暢銷書排行榜第四名，但該報卻不打算將此書列入排行榜內，他們的說法是，此書的銷售多半是透過網路，而非完成於書店中。我實在嚥不下這口氣，無法上榜使此書少了很多曝光機會，而我也被排除於「紐約時報暢銷作者」之外。有個出版界高層人士跟我透露，其實我被耍了。我雖想扮演「受害者」的角色，但我太忙了，沒空玩這個遊戲，我決定寬恕，繼續向前走。再怎麼說，在別的排行榜中，我仍是「暢銷作家」呢！

接下來，還有一個插曲。有個全國性的廣播電臺邀我上節目，此節目橫跨東西兩岸，約有五百多萬名聽眾。此次經驗有點難倒我，幸好仍以奇蹟收了場。我接受節目主持人的專訪時聽得出來，他只想聊些煽動性的話題，而無意深入此書修行方面的訊息。當我提到我們一體的本質時，他竟突然對我咆哮：「你再多說一次這種字眼，我就要發脾氣了！」他那毫不尊重的態度、攻擊性的口吻如此明顯，我想數百萬名聽眾一定都聽出來了。我心想：「天啊，這傢伙的聽眾會因他的行為而一起厭惡我的。」於是，我順著我的「第二天性」轉身求助J兄，在心裡問他：「我該怎麼做才好？」腦中立刻閃過一句：「你認為呢？」

答案不能再明顯了。我寬恕了那名主持人，心中頓時平和起來。我保持冷靜，沒有還以顏色，只是平靜地一一回覆他所有的問題。最後他也冷靜下來了，不過他在訪談了兩個小時後就草草結束，而非按照原先預定的三小時。我感到自己錯失了一個大好良機。但我盡力了，只是事情進行得並不順遂。在這種全國性的公開秀中仍是新手的我，覺得自己真的搞砸了，我的作家生涯大概告終了吧！

但我錯了。書反而大賣，更重要的是，每個禮拜都會有人前來給我類似的回饋：「嘿，我收聽了那個節目，你講得很棒！你談的是寬恕。當那個傢伙攻擊你時，我看到你的言行是合一的。你不只說道理而已，而是實際活出來了！」許多人透過該節目首次得知我、《告別娑婆》與《奇蹟課程》，他們也看到了寬恕的見證，而對此課程有了初步的了解。這個經驗讓我體會到，寬恕有好多無法預見的附帶利益，我也滿懷感激能有這個出乎我意料的美好結局。

春天來了，又到了兩位高靈聖哲造訪的時候。我心中有個盤懸多年的疑問，打算在我們進入其他話題前提出來。我已知白莎是兩千年前的多瑪斯，而白莎這個身分將出現於未來。我是多瑪斯的後世，白莎的上一世。阿頓則是兩千年前的達太，而阿頓這個身分也將出現於未來。但他們從未告訴我，阿頓這一世到底是誰，我怎麼也猜不出。

葛瑞：哈囉，二位。我有個問題一直卡在心裡，害我胡思亂想了好久。

白莎：我們知道，不過，還是你自己說出來。

葛瑞：阿頓，你介不介意我探問你這一世是誰？

阿頓：我不介意你問，如果你不介意我拒絕回答的話。

葛瑞：喔，拜託。別讓我一直猜嘛。白莎說過，我這一世也認識你，但不知我們是親如密友，或只是點頭之交。由於白莎是以全像式的角度說的，因此我也搞不清我是「已經」認識你了，還是「以後」會認識你。至少給我點提示嘛！

阿頓：好吧，我的朋友，我把範圍縮小一點好了。在時空世界狀似發生的這一世中，我是個女人。

葛瑞：嗯，這線索很有幫助。敢情您是位俏姑娘？

阿頓：我這一世是女性，按照性別的或然率來講，其實挺合理的。兩千年前我是男人，而我的最後一世（這世紀後半到下一世紀）又是男人。難道你要我「一直」都當男人嗎？就在我們談話的此刻，我是名女子，順便補充一點，我挺迷人的。

葛瑞：我的狗「努比」以前也很會接飛盤（譯註：與「迷人」同字（fetching））。

阿頓：你不知道我們兩個很可能打破「沒有人會下地獄」的說法嗎？

葛瑞：你方才也提到，我們的最後一世會出現在這個世紀後期，是吧？

白莎：你真是法「耳」恢恢，一句都不漏聽，小老弟。這樣說吧，是在這個世紀後半的初期，延續到下一世紀。而我們最大的寬恕功課會發生在下個世紀初。

阿頓：聽著，我雖願意幫你這個忙，但，相信你也了解，每件事都已發生了，因此，告訴你任何線索，讓你四下尋覓某個人，實在不妥，應當順其自然，在該相遇的時機相遇。

葛瑞：喔，又捕捉到一絲線索了。你方才的意思是，我還沒見過這名女子……我是說「你」，對吧？

阿頓：恕難奉陪了。隨便你怎麼猜，反正我已幫你縮小範圍。別在此事上繞了，你最好把它拋諸腦後。就讓事情順其自然發生就是。

葛瑞：嗯，我現在多知道了一點，心裡也舒坦了些，也許目前這樣就好了。我得學會接球。你說你很辣，是嗎？

白莎：我想，我們該進入正事了。

阿頓：對。我們現在要談的，會對你有所幫助。首先，我們得明瞭每個人都全然純潔無罪，他們想盡力深入他們真心相信的某一思想或法門。有了這層了解，我們才好往下談。許多靈修教師在傳授他們自認為與《奇蹟課程》一致，實際則不然的法門時，淡化了《奇蹟課程》的訊息，講成其他學說。這令學員產生了混淆，因而錯失《奇蹟課程》的宗旨。這些教師甚至看不出兩者的不同，否則也不會把它們說成同樣的東西，還引述《奇蹟課程》來支持他們的論調。

葛瑞：說得真好，我能懂你意思。這種事我看得多了。某些奇蹟學員（有的還挺有名氣的）不教《奇蹟課程》，而是編出一套自己的東西，然後引述《奇蹟課程》的話加以佐證，讓人「看起來」以為是同一回事，實際則不然。

阿頓：的確如此。好比教人要「活在當下」。切記，我們並不是說「活在當下」這個觀念有什麼「錯」。著眼於當下此刻，而不執著於過去與未來，對人會有幫助，生活品質也可能有所改善。問題是，這麼做並「無法」根除潛意識中的咎，它源自與上主的原始分裂，至今仍隱藏在內心深處。基於這個咎，使得每個存在的當下成了名副其實的「暫時」經驗，因它未能去除你心中使你經驗不到永恆的障礙。我說的並不只是「當下的力量」這個法門和《奇蹟課程》「真實的力量」之間的微小差異。活在短暫的當下幻相與活在永恆的「此刻」實相，兩者之間有天壤之別。

有一點非常重要，你得謹記在心：在潛意識中的罪咎尚未清除前，你是無法安居於永恆之境內那無止盡的當下的。絕不可能！若沒有透過真實的寬恕，任何試圖停留於當下所作的努力都註定失敗。除非你全然寬恕自己所妄作與投射到外頭的一切，否則你不可能寬恕潛意識中的自己。一旦你全然寬恕，方能永斷生死輪迴。活在當下既無法治癒你潛意識中的罪惡感，也化解不了小我。唯有真實的寬恕才能去除心障，使你得以覺醒於你原來實存境界

> ❈若沒有透過真實的寬恕，任何試圖停留於當下所作的努力都註定失敗。

內愛的本體，徹底化解了小我，讓你安穩立於永恆的「一向如此」之境，那正是障礙盡除後的本來狀態。針對這個重要觀念，我來引述一段J兄在《奇蹟課程》中所說的話：

> 你是百害不侵的，因為你清白無罪。只有罪咎才會使你飽受過去的糾纏。因為罪咎相信你該為自己所作的一切受罰，將你打入從過去到未來的「一次元」時空世界。凡是相信時間的人，不可能了解「永遠」的含義，罪咎便如此奪走了你對永恆的嚮往。你是不朽的，因為你有永恆生命，「永遠」必然就在此刻。由此可知，罪咎不過想把過去與未來的觀念打入你的心內，確保小我的生存。如果你會為過去一切受到懲罰，小我的續存便得到了保證。問題是，只有上主（而非小我）才能保證生命的永續性。不朽是時間觀念的反面，時間轉眼即逝，唯有不朽之境恆常不變。[2]

在我繼續往下說之前，希望你記住，只要潛意識仍藏有一絲罪惡感，任何為「永恆之境」所下的功夫「絕對」是徒勞無功之舉。在你想永遠擺脫過去與未來「之前」，你「必先」治癒潛意識中的罪咎。化解之道絕非故意忽視它，那只是迴避與否認過去和未來罷了。只有寬恕過去的一切、寬恕你對未來的擔憂，它們才會得到釋放，你方能真正活在無止盡的「現在」。真實的寬恕一直都發生在當下。別忘了，我們說過寬恕狀似發生的原始分裂的那一刻，與寬恕此刻無異，二者都是同一回事。現在我要繼續方才那段引言。不過，我先解釋一個詞，好讓你了解，待會兒我提到的「贖罪」（expiation），指的是「媚神」（appeasement）之意。

葛瑞：我知道。

阿頓：唯有接受救贖，才能教你認出什麼是不朽的；唯有接受了自己的無罪，你才會明瞭過去確實不存在，未來也沒有存在的必要。未來的時間觀念常與補償心態互通聲息，唯有罪咎心念才會衍生出贖罪心態。因此，接受上主之子的無罪作為自己的生命本質，這是上主幫你憶起聖子真相的途徑。既然上主從未定過聖子的罪，他的清白無罪必是永恆的。[3]

葛瑞：因此，毫無例外的，我們必須由潛意識的罪咎中脫身，方能從萬事萬物中抽離。為達此目的，我們遲早都得回到「人際關係」這個寬恕課題上。

阿頓：說得真好。正如《奇蹟課程》所言：

聖靈要你明白，你所會晤的始終是你自己，這會晤必是神聖的，因為你是神聖的。小我則會教你，你所會晤的始終是過去的你，往日的夢既無神聖可言，未來也不會神聖到哪裡去，現在更是毫無意義。[4]

只要罪惡感仍存於心中，「現在」便顯得毫無意義。然而，一旦你自由了，你自會打開心懷，迎向無盡的現在以及你與上主的一體之境。再者，你總不能用忽略上主的方式來化解你與上主的分裂吧！你怎麼可能不承認你的終極根源，而想化解你與根源分裂的那種感覺？無論你用什麼藉口來否認上主，真正的原因，始終都是罪咎以及由此罪咎而對上主產生的恐懼。

葛瑞：我懂你意思。我才不忽視上主呢，要不是上主，我就沒有可敬之人了。

阿頓：笑話先擺到一邊，你懂我的意思吧。

葛瑞：懂！就是寬恕啊。關鍵不在於觀照你的念頭與你的判斷，這並非真的寬恕了它們。關鍵也不在於與小我為友、不找它的碴、安撫它；而是把它化解掉，使自己復歸完整。這正是J兄一直強調的重點，也是他在〈多瑪斯福音〉中所談的。不過，我有一個問題：純粹不下任何判斷就夠了嗎？不下判斷是否等同寬恕？

白莎：問得真好。沒了判斷，小我確實活不下去，因此，要是有人真的修練「完全不下判斷」之法，他最後的確能化解小我，就如同佛陀當年一般。即便佛陀，也仍得再回人世一趟，補修一點課程。問題是，這條「完全不下判斷」之路，不僅路途較遠，實際上也並不好走。若能以聖靈的思想體系「取代」小我妄造的思想體系，就會更上一層樓了。J兄不只修練「不下判斷」，更以積極的寬恕改變他看待萬事萬物的眼光，而大大加速了他成道的

※這條「完全不下判斷」之路，不僅路途較遠，實際上也並不好走。若能以聖靈的思想體系「取代」小我妄造的思想體系，就會更上一層樓了。

腳步。因此，他一再強調《奇蹟課程》能為我們省下不少光陰。他的猶太神祕教與佛教的背景讓他有了這個「救恩快速版」，不僅化解了小我，更具體地以聖靈的思想體系來取代小我的思想體系。

阿頓：這又引出了另一個話題。我再強調一次，我們提這些只是想幫助大家而已。我們對於現在要提到的這個人，毫無貶損之意。他是《奇蹟課程》早期的學員。由於他是醫生，因此慣於以科學的角度詮釋現象。這很能吸引一些門外漢。他常用一項名為「肌動學」（kinesiology）的原理（也就是肌肉反應測試，muscle testing），來檢測言論的「真理」程度。有些人因著這位醫生的研究，而誤以為這種測試完美無誤。實際上，他是以幻相來評估幻相，因此，這測試基本上就有問題。他等於是用身體檢視真理！《奇蹟課程》說得很清楚，任何會改變或可改變之物都不是真的，那麼，奇蹟學員怎還會相信這一套理論呢？

葛瑞：是啊，我知道你說的醫生是哪位。話說回來，二十二年前我的整脊師就是用肌動學幫我做肌肉反應測試。你說的那名醫生很優秀，他的結論多半都正確，但非百分之百。世間沒有完美的。再者，有些人在某些領域中總有過人的表現，例如藝術領域。

阿頓：沒錯。我們說的這名醫生將此理論發展成一種能檢測言論是否為真理的方法，把它變得像測謊機一般。然而，形相層次中沒有一物能完全靠得住，因此真實之物有可能會被誤測為虛假。這還不是最大的問題呢，小我暗中的陰謀是要讓學員錯置焦點，誤把注意力放在虛幻世界中虛幻之物的一個虛幻檢測上，偏離了正確的焦點。「正確的焦點」就是打從心裡決心寬恕這個世界，將小我「整個」系統拋諸腦後。這也正是《奇蹟課程》的宗旨。

葛瑞：我還知道這個人把各種教義劃上等級，從等級一到等級一千。許多人愛死這個東西了。令我不解的是，他若是早期奇蹟學員，怎麼會不在《奇蹟課程》的宗旨上下番功夫？

阿頓：你是說，他怎麼會不懂我們以前引述過的這段話：

在天人分裂之前，這類「程度」、「角度」及「時段」的觀念或知見，根本就不存在。靈性之內原無層次之分，人間所有的衝突都是上述層次觀念所造成的。5

葛瑞：對。《奇蹟課程》始終設法集中學員的注意力到這一事實：「實際上」只有兩個選擇，且其中只有「一者」為真，也就是靈性。我們必須作此選擇才能回歸圓滿之境。

阿頓：正是。先得領悟「沒有」層次之別，你不是圓滿完整，就是不完整。因此，舉凡檢測、分等級這類事，不僅會讓學員偏離正道，不把幻相帶到真理面前，反而會硬把真理加入幻相裡面。更糟的是，那種測試一旦有誤，可能會讓學員錯失了對他有益之物。

葛瑞：是啊，這名醫生好像老是把共和黨評比為公正廉直之黨，還把沃爾瑪公司列為文明開化的公司。但很抱歉，這家公司前不久才遭加州判決壓榨員工午休時間。倘若這種結論是出自醫生本人，那麼他的學生們還會做出什麼其他結論來，就可想而知了。他若這般名正言順地發表個人偏見，別人能不依樣畫葫蘆嗎？

阿頓：你只須記得，這個幻相是個請君入甕的陷阱。它這樣鼓勵人家分別比較、將各種教義分別為幾等幾級，會讓人把這一切都當真，把焦點放在幻相，也就是「果」上，而非致力於心靈，也就是「因」上。過不了多久，你便會看到有些人開始檢測他人的言論，指稱他人說謊等等，用委婉謙和、一副開悟的口氣來掩飾。凡此種種，只會耽誤你的修行，你原可把握此良機化解小我的，如今卻不知不覺地光耀小我了。

葛瑞：對啊。靈修教師吸引人的，不見得是這類詳備的科學數據，有些學員是受教師的聲音、個人特質或外在形象所吸引，實際上這些同樣並不具任何意義，但他們卻誤以為那是開悟的特徵。現在外頭好多老師，有的宣稱自己開悟了，有的故意縱容外界稱他開悟的謠傳。但，他們真如J兄一樣嗎？他們能治癒病人且讓死者復生嗎？若有釘子刺穿他們的手腕，他們能沒有任何痛覺嗎？無咎的心靈不可能受苦的。我沒看到他們有哪一個人達到J兄那樣的境界。

阿頓：分等級還有一個問題，假使你只說出一句至理名言，好比「上主是愛」，那麼它便會飆到近等級一千。這句話無法領你回家，但卻能名列等級一千。若你「真心」想讓人們快一點兒回天鄉，你得探討小我，剖析它，讓人們明白他們面對的是什麼強硬角色，然後再教他們化解之道。然而，正因你談的是小我，便會被那學派劃分到比較低的等級！

葛瑞：因此，假使你只談甜蜜的人生光明面，你雖會飆近等級一千，但困於人世的時間卻比讓小我現形、了解它、寬恕它，而後化解它的人多上好幾世。你若真想化解小我，你不能不了解小我。然而，教你這套能領你早日回家的法門卻會被評定為較低等級，那些帶你繞遠路的泛泛之輩反倒名列前茅。

阿頓：我想你抓到重點了。在這團迷糊帳中多添一筆測謊試驗，反會使你一輩子偏離了正軌。還是好好把握這一世，訓練自己的心靈，返回天鄉吧！

葛瑞：這個嘛，我想，肌動試驗比做寬恕功課容易得多，不過，我不希罕，我只想回家。

阿頓：那麼你一定回得去的，好小子。別因那些只想借用《奇蹟課程》的光環而不實地教此課程的人感到灰心。甚至還有罷黜百家、獨尊奇蹟之人，自己卻不懂此課程呢。他們以為《奇蹟課程》可任君詮釋，但，若真如此，它就失效了。這部課程之所以獨特，正因它「不容」妄自解讀。《奇蹟課程》說，世界並不存在，只有上主真實存在；且由這個死亡之夢甦醒的方法，乃是全面的寬恕，毫無例外地寬恕他人，因為他們實際上什麼也沒做；唯有如此，才寬恕得了你自己。有別於此的解讀都是愚見。然而，卻有奇蹟教師把聖靈弄得好似外頭一個真實的人，幫你在這根本不存在的世間大展身手，把學員帶離了焦點，將注意力置於「果」而非「因」上，因而延誤學員的進步。更糟的是，你一把世界當真，便會很「順勢」地變得像Pat Robertson那樣，教人在這虛幻不實的世間一定要如何表現，否則下場堪憐之類的。

千萬別掉入那個陷阱裡。尊重《奇蹟課程》的原有精神，尊重海倫和比爾生前說的有關這部課程的來龍去脈與真義。千萬別妥協，不要出賣了自己，也無需擔心他人的眼光。他們要是真的那麼聰明，絕不會認為自己屬於這兒的。

葛瑞：關於這事，我會請示一下我的靈媒。說笑的，它只會帶來更多的幻相。《奇蹟課程》的出離之道，不能說得更清楚了。

阿頓：沒錯。我們並「不是」說《奇蹟課程》是唯一的路，我們的重點是，要是你真心想學這部課程，那就實實在在地操練吧，不要掛羊頭賣狗肉。你願意的話，這部課程可以為你省下許多光陰。若否，那也無礙，反正時間是虛幻的。只是，你還要困在這個生死輪迴中多久，全在於你的選擇。

白莎：臨走前，我想針對那一點再引述一段《奇蹟課程》的話，幫你進一步地釐清。當眼前之事變得棘手難解，當航空公司取消你的班機，當有人粗暴無禮，當你無法準時赴約而心急如焚，或者當你覺得你耐心盡失、不願寬恕，而你又真的想找個「測謊機」以分辨真偽時，記得J兄這番話：

你既是上主所創造的，必然永遠不變才對；由此類推，無常之境必然是一種錯誤或是虛妄。我們指的是所有感覺情緒、身心狀態及一切覺知反應上的變化無常。就是真理涵攝一切的本質，使真理與虛妄兩者變得涇渭分明且勢不兩立。**6**

我一個人靜靜地坐著，感受到一股前所未有的篤定，願誠心實踐兩位好友給我的教誨。我知道這並不容易，但若只想輕鬆度日的話，我大概也不會踏上這條殊勝的修行路了。

10 人間破舊的玩具

於是，分裂之夢逐漸隱退，最後消失了蹤影。因你再也不會在本來就不存在的間隙裡看見自己製造的恐怖玩具了。救恩對你的要求僅止於此。你應慶幸，救恩對你別無他求，它的要求實在微乎其微。從真相的角度來講，它對你其實一無所求；從幻相來講，它只要求你以寬恕取代恐懼。這是美夢開出的唯一條件。1

救恩這麼單純，卻又如此困難，可真是矛盾。真理顯然很簡單，卻不容易。儘管理性上了解了，但要訓練心靈能時時運用出來，還有一大段路要走。我現在比較上道一點兒了，這全拜練習所賜。我操練得愈勤，便寬恕得愈來愈自然，世界反倒顯得很不自然了。這兒並不是我的家，然而，我仍可能在這兒開心度過。在回家的路上學習以不同的眼光看待世界。

讀《奇蹟課程》時，我受到非常大的鼓舞，往往讀著讀著，益發感受到阿頓和白莎所言不虛。那些觀念經它不斷重複強調，小我也隨之漸漸瓦解。J兄在〈正文〉中便提到：

> 寬恕之夢不會持續太久的。它再也不以離間心靈與念頭為目的了。它也不再設法證明自己的夢是別人作出來的。[2]

他在這一節前面又說了：

> 你只是在作夢而已，那些偶像不過是你夢中的玩具而已。只有孩童才需要這些玩具。他們假扮為世界的主人，賦予那些玩具行動、說話、思想、感覺，以及代自己發言的能力。這些玩具的一言一行所表達的顯然是遊戲者的心態。然而，所有遊戲玩家都會設法忘卻那是自己編出的夢，寧願相信夢中的玩具是真人真事，也不願承認那些願望原來都出於自己。
>
> 凡是噩夢，都很幼稚。那些玩具常常反過身來捉弄孩子，只因孩子已把玩具當真了。然而，夢豈有攻擊的能力？玩具怎麼可能長大，變得危險、兇惡又蠻橫無理？孩子卻如此深信；正因為他害怕自己的念頭，才把那些念頭轉嫁於玩具身上。於是，玩具的現實變成了他自己的現實，如此一來，才能使他不受自己的念頭所害。其實，正是這些玩具把他的念頭變得栩栩如生，幾可亂真，不斷在他的身外演出，只要他敢使詐，玩具便會轉身攻擊。他原想藉那些玩具來躲避

自己的念頭，只因他以為那些念頭都是真的。為此，他不能不把所有的東西都變成玩具，再把世界推到自身之外，假裝自己只是世界的一個棋子。時候到了，該讓童年的一切過去而且永遠地過去。別再設法留著兒時的玩具。收起來吧，你再也不需要它們了。3

《奇蹟課程》的優美與單純本質，延伸出錯綜複雜的內容，而後又回歸它單純的本質，使得我愈來愈喜歡這本修行良伴。我不認為自己是奇蹟教師，我只是個學員，恰巧碰上了天時地利人和，得以與大家分享我的經驗。我也不覺得自己是個作家，我寫起作來只能以「龜速」形容。假如早上起牀時要列出今天想完成的十件事，寫作絕對進不了排行榜。幸好，我只負責敘述部分，再插入一些自己的經驗談，此書就變成我個人的故事。這是我所能貢獻的。與阿頓和白莎之間的談話簡直是現成的禮物。跟他們聊天很有意思，而且，我做的不過是把錄音內容打出來，連這一點，我都做得拖拖拉拉的。

現在是五月，再過兩個禮拜，我的朋友又會來看我了。我在聖路易開了一場工作坊，那是我生平第一次到那兒。我玩得很開心，爬上了著名的聖路易拱橋頂端，也看了場國家聯盟棒球賽。我以前從沒看過國家聯盟的比賽，我這次去其實另有盤算。紅襪隊當年正是在這個球場贏得世界大賽的，而這個球場將在這個季末正式走入歷史，由另一個球場取代，因此我想在它被拆之前親自來一趟。當天天氣晴朗，群眾都為紅雀隊的勝利而欣喜，他們在第一局就拿下十一分，還好他們沒有那樣打擊紅襪。

有個名叫 Pierce 的人（工作坊負責人的一個朋友，是《告別娑婆》的讀者）自告奮勇要載我去 Cahokia，讓我看看我在「偉大的太陽」那一世身為印第安人所住的地方。Pierce 成了我在聖路易那幾天的嚮導與朋友。後來有個名叫 Carl 的人也與我們同行。初次見到 Carl 時，有種說不上的親切感，好似失散多年的兄弟。我們愈靠近停車場，愈感覺詭異。等我們把車開進停車場，我才恍然大悟這似曾相識的場景，正是阿頓和白莎那回以超時空心念之旅的方式讓我經歷的那段未來。不只相似而已，根本就像複製出來一般。我的一舉一動，一行人所說的話，我們走的路，我爬上山丘的過程，全都歷歷在前，令我瞠目結舌。「此刻」活生生進行的事，其實「早已」發生過了。唯一不同的是，這回不見阿頓與白莎。

即使在山丘頂上我見到的那幾秒鐘的異象，看到一千年前的 Cahokia，也跟上回那趟「心識之旅」中見到的一樣，連我看的方向也都一致。即便沒刻意朝那兒看，我都可以感受到「偉大的太陽」的居所就在身邊不遠處。映於我心裡的影像，竟與當時所見的一模一樣。

令我百感交集的是，這似乎是早已「寫定」的劇本，「必然」如此上演，我根本無力改變什麼。註定要去的地方，我逃也逃不掉；不該去的地方，我怎麼也到不了。一切早有定數。每個行動，每句話，每個朋友，甚至每個敵人……，這劇本是我同意參與演出的，我在戲裡好似第一次經歷，實際上，這部影片早已拍攝完成。我只是個觀者，好似在偌大的娑婆世界的虛擬遊戲中軋了一角，實際上我根本不在戲裡。原來我的人生際遇就是這麼一回事，我實在沒有理由為眼前的事物感到憂心與憤怒，因為它們打從一開始就是我自己編織出來的，而它們全都不是真的。

有趣的是，這個經驗沒有帶給我任何失落感，事實上，我還感到如釋重負。因為，我總算可以順其自然，不必那麼辛苦地打造我的人生了。我可以寬恕，放下判斷，並為我所見的世界負責，我造出它來，只因不敢承認隱藏在我內心的想法，才將它們顯現身外；我將它們推到外邊，只因我害怕它們。其實這恐懼是建立於錯誤觀念上。如今我不需要再畏懼它們了，只需寬恕它們、釋放它們，我便能在這過程中重獲自由。我不再排斥自己的劇本，因為我看出了它的另一作用。往昔使我囚禁於世之物，如今卻成了我返家的車票。而我在 Cahokia 與聖路易之旅該發生的事都發生了，我感到一切是如此的命定。

> ※往昔使我囚禁於世之物，如今卻成了我返家的車票。

六月底，我剛從多倫多回來不久，阿頓和白莎隨之出現了，這是他們的第十次造訪。

白莎：你的二度 Cahokia 之旅可好？

葛瑞：你很清楚這經驗對我的衝擊。只是，路上挺懷念你，以及你那身打扮。

白莎：世事無法完全如你所願，葛瑞。

阿頓：我們最後兩次的造訪將會非常簡短，弟兄。只做個總結，鼓勵鼓勵你，為你澄清一些問題。

葛瑞：最後？這兩字令人很不好受。

阿頓：天堂是沒有最後的終結的，何必在乎這兒的起頭與結尾呢？這些都會消失的，最後只有你的實相永存。別忘了把這些訊息分享出去，你找不到比這更好的工作，相信你也了解自己有多幸運。

葛瑞：我當然了解。

白莎：嘿，你好久沒有講笑話逗我們樂了。說個短的聽聽。

葛瑞：沒問題。有三個傢伙在地獄裡待了好一陣子，上刀山、下油鍋的。其中一個人心想，反正他們得一輩子待在那兒了，何不認識一下彼此。於是他自我介紹：「嗨，我叫 Arik，是個猶太經師，我在這裡是因我欺騙了老婆。」第二個人接著說：「哈囉，我叫 John，是個天主教牧師，我在這裡是因我娶了老婆。」最後輪到第三個人：「嗨，我叫 Alex，是個奇蹟學員，我不在這裡。」

白莎：有趣。記得，你「不在」這兒，你只是以為自己在這兒。你很幸運能有J兄帶你出離。如同他在《奇蹟課程》中提醒大家的：

當我說：「我時時刻刻與你同在」，我是說真的。不論何時何地，我從未離棄過任何一人。

正因為我時時與你同在，你才會成為「道路、真理與生命」。4

他也把領你回家的途徑說得很清楚，只要你願意盡你自己那一份任務：

生命沒有對立，因為它就是上主。是你決定以死亡來結束生命，生命與死亡才會對立起來的。寬恕世界吧！你就不難明白，上主所創造的一切，是沒有終結的；凡不是祂所造之物，都不是真實的。這一句話足以說明本課程的宗旨。這一句話為我們的修行指出了單一方向。這一句話道盡了聖靈整套課程的基本特質。5

唯有寬恕這世界，你方能覺醒，體認出自己從未離開過天堂，且仍是上主所創造的你，也就是完美的靈性。J兄一再提醒我們，《奇蹟課程》的宗旨很簡單且一貫：

你仍是上主所創造的你。除此之外，沒有一件事值得你去相信。僅此一念，便足以釋放所有的人。一切幻相就在這一真理中銷聲匿跡了。這一事實宣告了上主的無罪本質在萬物內永存不替，它是萬物存在的核心，也是萬物不朽的保證。6

然而，你得時時謹記心頭，你的寬恕必須在「因」的層次上下功夫，而非「果」的層次，才可能經驗到那一境界。J兄在〈正文〉中（就在前五章）是這麼說的：

需要改變的是你的心，而不是你的行為，這純粹是願心的問題。而也只有在心的層次上，你才需要指引。也唯有在那可能改變的層次上，才有修正的餘地。改變，不是針對外在症狀的層次，外在的改變是無濟於事的。7

葛瑞：真是一針見血，白莎。我覺得自己很幸運能參與此一大事因緣。

阿頓：說起「幸運」，你得知道，要是每件事早有定數（即便它是那麼戲劇化），那麼就不會有「幸運」這回事。沒錯，這世上的確「看似」有幸運與不幸之時，然而，那只是二元的人生觀點，它「不」代表你不能有所作為、不能盡一己之力。我們說過，要活得平凡且仁慈，但你這樣活時，記得重點應擺在「因」而非「果」上。這種改變雖沒有人看得到，卻是宇宙間最大的改變，也是唯一有意義的改變。

白莎：說到這有所為與盡一己之力，我注意到有不少男士參與你的工作坊。

〔註：我在多倫多開工作坊時，主辦人告訴我，通常參加活動的人當中，女性佔百分之八十五，而這種現象在靈修團體已行之有年。但在我的工作坊，女性約佔百分之五十五，男性則佔了百分之四十五。主辦人說這種情形前所未有〕

葛瑞：對啊，我發現《告別娑婆》的讀者群，男女比例竟差不多。真有意思！我也注意到它吸引了不少年輕人，男女都有，年約二、三十歲。這在奇蹟團體中並不常見，一般靈修團體中也是。許多人在連鎖書店買這本書，連內容是什麼都不知道，好似書名與簡介就足夠吸引他們。書名本身就已經涵容整本書的旨意了。你們早有先見之明，對吧？

白莎：當聖靈決定修正小我的劇本時，祂可是佔盡了優勢，葛瑞。祂是由時間的終點回顧你們這一世的，因此絕不會失算。

葛瑞：我也注意到，在一般性的調查中，大部分的人都自稱為靈修人士，而非宗教信徒。這種趨勢挺可喜的。

白莎：是的，這種趨勢還會繼續下去。世間對這種訊息已求之若渴了。繼續把它宣揚出去吧。傳統宗教再也不能滿足他們了，從你的例子可見，他們顯然已準備好接受更勝於其他靈修法門所能給他們的東西了。

阿頓：希望你一直都能這麼開心。好好享受你的旅行吧。你老喜歡攀越頂峯，對吧？只要記得寬恕，不把它當成某種征服上主的象徵就好。何不享受這一樂趣，並把它當成送給上主的「禮物」？

葛瑞：我會努力的。想想我到過哪些頂端：新罕布夏州的華盛頓山頂，佛蒙特州的 Mansfield 山頂，波士頓的 Prudential 中心與 Hancock 塔，紐約市的帝國大廈，聖路易拱門，Cahokia 的 Monk 山丘，Palm Springs 的 San Jacinto 山，Sunset Strip 上的 Hyatt Regency（遠眺洛杉磯的好地方），Berkeley 山（遠眺舊金山的好地方，我的老東家派屈克帶我去的），西雅圖的 Space Needle，夏威夷歐胡島上的 Diamond Head，茂伊島上的 Haleakala 山，多倫多的 CN 塔，拉斯維加斯的 Stratosphere 飯店，甘迺迪太空中心的觀測塔，還有位在達拉斯的 Texas School Book Depository 的六樓（現為博物館）。我可能漏掉了幾個吧。

阿頓：我恰巧知道你今年秋天去過 London Eye 的頂端，看到滿天星斗。後來還到了芝加哥的 Sears 塔。

葛瑞：對對對。我還想去雪梨那座可讓人爬上去的橋。我曾飛過它的上空，也在前往歌劇院時搭渡輪穿過它底下，若能爬到它頂端就太酷了。其實搭船穿過橋下也很酷。我鑽過金門大橋，那感覺好極了。等等，我知道你在幹嘛了，你想確定我享受這一切時不再有罪惡感，對吧？既然這一切都不是真的，何苦覺得愧疚呢？

阿頓：正是。好好享受你的成功吧。我們希望你過得快樂。只要記得適時地寬恕一下，你就沒問題了。

葛瑞：多謝。其實，我發現頂端根本沒什麼，我說的不只是高山或大樓的樓頂，還包括成功的頂端。人們終其一生為此奮鬥，然而，等真的到了頂端，卻發現並非如他們的期待。反倒惹來另一堆麻煩事。他們覺得上當了，卻又不敢告訴人家，只好佯裝一副酷樣。

阿頓：觀察得實在透徹，老弟。當然，即便你這樣跟人們講，他們仍會想要親自經歷一下。好比，告訴人家錢不能買到幸福，他們還是會追逐金錢，證實一下。要等到他甘願拋下這世界整個價值體系才行。

葛瑞：我知道錢不能買到幸福，但它可以買到一艘大船，我便可航行到幸福的身邊去。開玩笑的啦。我親眼看到我父母是怎麼過世的，要是我能在幻相世界中選擇的話，最實際且重要的禮物是健康，而非金錢。

白莎：說到這點，你的確很幸運。健康狀況挺好，人看起來也挺年輕的。好了，願你記得，夢中所有耀眼之物都是短暫的，不論它有多大吸引力，那無常本質與天堂永恆的光輝相比是如此黯然失色！追求那貨真價實之物，丟下娑婆世界這拙劣的贗品吧，這才是最明智的抉擇。

阿頓：海倫・舒曼很會寫詩，在她過世後，「心靈平安基金會」彙集她的詩出版成冊，表達對她的敬意。海倫曾說，她的詩只能算是受到啓發，不屬於《奇蹟課程》的通靈性質。基金會將她的詩集命名為《天恩詩集／暫譯》（*The Gifts of God*）。當你回顧自己的人生劇情時，不妨想一想這首詩，打起精神來，因為你知道有些更美妙、更永恆之物在前面等著你，它使得你這輩子所幻想之物相形之下有如糞土：

在我手上，有你們所盼望渴求與尋找的一切，
你們以往總向人間破舊的玩具堆中去尋。

如今，我把那一切由你身邊撤去，
消失得無蹤無影了。
空留一處，閃閃發光，
它是一扇通往另一世界的門，
等待我們進入，
全因上主之名。8

11 你不朽的實相

然而，時間還能給人一個禮物，即是：道地的真知能極其精準地反映在時間領域內，連它的倒影都能分享前所未見的神聖本質，閃耀著不朽的愛。1

四處旅行之際，二元世界帶來的落差起伏，給了我很大的震撼，從夏威夷直升機之旅的歡愉，到被恐怖份子爆破的奧克拉荷馬市國家紀念館的悲傷。走訪美國愈多地方，我就愈受它的多元特質所感動。也許這就是美國真正力量的所在，也是造就它偉大的一張王牌。

這些年來與阿頓和白莎的談話，讓我深刻了解我的南柯大夢是怎麼繞著「身體」這個核心轉的。夢裡的一切都跟身體脫不了干係。如同《奇蹟課程》所言：

只要你還把身體當成自己的生命，不會不感到孤獨而且飽受欺壓的。你一旦把自己看成是他人的犧牲品，自然會理直氣壯地犧牲別人。拋棄了天堂及造物主的人，內心怎麼可能不生出犧牲與失落之感？深受犧牲與失落之苦的人，豈能不設法扳回一城？但你既然認定自己是被欺壓的一族，哪有扳回劣勢的能耐？受人欺壓的感覺必會滋生攻擊之念，甚至認為反擊是天經地義的事。只要你感到受人剝削，攻擊就成了你的救恩，犧牲反倒更像真愛了。2

然而，身體並非我的實相，而《奇蹟課程》建議我們的脫「身」之道乃是：

心甘情願地寬恕上主之子並未真正做出的事情吧！3

關鍵在於「憶起」。我現在比較駕輕就熟了。每當有人刺到我的痛處時，我會憶起它的真正目的，它要我看出我是怎樣認定自己，又轉而投射到對方身上，並看出自己做了一個多麼愚蠢的交易，拿實相與天堂交換虛無與死亡。我能愈早撤手，愈早寬恕我的弟兄姐妹（因他們實際上什麼也沒做），我受苦的時間就縮短。光是這點，寬恕就值回票價了。我也深切體會到，不斷在各種境遇中學習「憶起真理」對我有多重要，儘管有些狀況來得令我措手不及，畢竟真正受惠而轉變人生的是我。

內心平安與清明的時刻增加了，有助於我覺醒於上主內的真知也變得更為真實。我只想回到實相的家，永遠安居其中。即使我還需再輪迴一次也不要緊，因我知道，操練寬恕，就能活在美夢中。有時一想到十三年前我是如何踏上這條美妙的修行路，我的人生方向發生了多大的轉變，我就忍不住落下感激之淚。

對於阿頓和白莎的下一次到訪，我百感交集。那將是他們最後一次來訪，而我甚至不知會不會有下一本書。我雖期待好事成「三」，但我也知道別把一切視為理所當然。我只需珍惜此刻，不去擔憂未來的事。

很快的，兩個月過去了，我摯愛的阿頓和白莎再一次地出現在我家客廳。

白莎：嗨，哥兒。聽說你今年冬天準備再去夏威夷開工作坊，恭喜你了！

葛瑞：嘿，我是為了夏威夷的榛果巧克力才去的，那真是人間美味！說真的，我好喜歡那個地方，真想哪天賴在那兒不走，除非有人把我扛走。

阿頓：不用這麼大費周章，老弟。時候到了，你自會消失的。

葛瑞：嘿，我有個挺棘手的問題想請教，是別人問的。

阿頓：聖靈的思想體系沒有解不了的疑惑，問吧！

葛瑞：有些人說，上主任由祂的孩子一直陷於噩夢中，實在很不慈愛，祂應該立即喚醒祂的孩子才是。還有，祂允許「小小瘋狂一念」的出現，也是不仁之舉。你們怎麼回應？

阿頓：這樣的說詞表示沒有抓到《奇蹟課程》的重點。他們認為上主知道此小小瘋狂一念的存在，知道祂的孩子在作夢，然而實際上祂根本不曉得。祂要是知道，就等於是把它弄假成真了。《奇蹟課程》的整個重點乃是：這一切都不是真的。簡而言之，你睡著了，開始作夢，只要你肯聆聽你對上主的記憶（也就是聖靈）而清醒過來，不再聽從小我的唆使，你自然會清醒的。這是「你的」夢，因此只有「你」能夠讓自己甦醒。聖靈實際上是你的「高層自我」。但要記得，上主並沒有派遣聖靈來，祂一直與你同在。因為，你雖能否認真理，卻不可能失去真理。容我再強調一次，若這場夢是上主所造，且祂能將你由夢中喚醒的話，那麼這場夢便成了真實的，而且是外力加諸於你身上的一個實相。但事實並非如此。上主仍是完美的愛，你的任務只是覺醒過來，重新意識到真實的你所在之處。

葛瑞：聽起來很有道理，但我還有疑問：完美之境內怎會有小小瘋狂一念的產生？那不表示完美之境存有瑕疵嗎？

阿頓：夢到不完美，並不是真的不完美。夢就是夢，並不代表實相有缺陷的那一部分。上主沒有造過這個夢，是你自己編出這個身歷其境的夢。但因你覺得它好真，於是，你問道：「上主為什麼把這個夢搞得這麼真？」或是「上主為什麼會讓我作夢？」答案是：祂什麼也沒做，這場夢也沒有真的發生。因此，去追問它是怎麼產生的，根本無濟於事，因為它「根本」沒有發生過！你一旦由這些錯覺中清醒過來，幻相就消失了，你只是繼續過你原來的生活，也就是

> ※夢就是夢，並不代表實相有缺陷的那一部分。

你「真實的」生活。如同J兄所說的：

上主之子就這樣輕鬆地從一個被寬恕的世界昇往自己的天鄉。到了那兒，他才會知道原來自己始終安息於彼處。4

葛瑞：明白了，謝謝。我還有一件事要謝謝你們。上個月我開了場為期一週的工作坊，學員當中有一位是越戰退伍軍人。他說，三十五年來他一直都無法寬恕他在越南遭遇到的事，直到讀了我們的書後，總算開始能寬恕那些經歷了。他還把《告別娑婆》拿給其他越戰老兵看呢！真是謝謝兩位了，這本書利益了不少弟兄。

阿頓：榮幸之至。再者，要不是你四處傳佈這些訊息，很多人也無從得知，因此，你也功不可沒。你沒有義務這樣做，但只要你還樂在其中，那麼何樂而不為？

白莎：《奇蹟課程》是這麼說的：

因為你們總算找回了自己的弟兄，照亮了彼此回家的路。你們的光明寶相會由此光明先折回黑暗的世界，再進一步伸向上主之境，驅散過去的陰影，為祂永恆的臨在鋪路；萬物便會在祂的光明下粲然發光。5

葛瑞：這段話真美，白莎。對了，我想問你們……。過了今晚，我還能再見到你們兩位嗎？

白莎：你知道的，這取決於你，當然，是與聖靈一同決定。但不是現在，等一陣子再說，你還有好多事要做呢！一年後再回顧一下，目前這樣的生活型態是否真是你要的？你想繼續當個作家嗎？你想繼續四處旅行嗎？一年以後再問問自己的感受。要是你真心希望我們回來，我們會知道的。否則，我們便不會出現。

葛瑞：好吧。但你們很清楚未來會發生什麼事，而我並不知道啊。

阿頓：老話一句：由你作決定。你失去不少私人時間，且成了許多人的投射對象。明年重新看看這一切吧，問問聖靈你該怎麼做，你會有明確的答案的。

可別忘了要繼續寬恕！J兄很讚賞你的。他曾要求我們繼續送他心愛的禮物：「那麼，再也沒有烏雲能妨礙你憶起自己的天父，因你會憶起祂清白無罪的聖子，他不曾死亡，因他是不朽的生命。」**6**

白莎：一旦你完成了寬恕功課，潛意識不再存有一絲罪咎，那時，你便打破了生死輪迴，不再夢到自己活在一具身體內。輪迴至此告終。對你而言，你已知那會在何時來臨，但這並不重要，你仍舊得寬恕任何來到你面前之事。救恩就是如此運作，這也是每個人能為自己做的最要緊之事。

＊一旦你完成了寬恕功課，潛意識不再存有一絲罪咎，那時，你便打破了生死輪迴，不再夢到自己活在一具身體內。輪迴至此告終。

去做你該做的事，而且樂在其中。不用耽心能否與其他自認為很前衛，實際上卻保守的教師或名流相容。記不記得J兄最短的那則語錄？

葛瑞：記得！做一個人間的過客。

白莎：正是。那麼，做一個人間的過客吧，葛瑞。若有人問你，你屬於哪個靈修圈子，儘管實話實說。基於你教學的內涵，你「無法」與他們相容，你們所教的大相逕庭，因此不必太遷就。只要活出你自己就是。

阿頓：得聞真理，進而分享真理，乃是一大樂事。繼續教人們寬恕之道吧，如此，他們才能活得出來：「因為凡有生命的，必然永恆不朽。」**7**

白莎：現在，我們想讓你以靈性的身分與我們結合一會兒。你一定會很喜歡的。幾分鐘後，你會回到身體內，但你得等好幾個小時才會從那份驚嘆中平復過來。來吧，與我們一同化為愛吧！

霎時，我覺得自己毫無重量，身體消失了。眼前一切也消失了，只是活於全然的覺知中。我所經驗到的極樂，超乎言詮。那正是「啟示」之境，我以前曾經驗過，只是這一次意識不到我的身體。我擔心自己能否承受得了那份喜悅。在這圓滿的經驗中，我所深愛過的每個人都在場，不是以身體的形式，也沒有個體，在我的覺識中，大家是完美的一體。沒有一物、也沒有一人遺落在外。我的雙親、親朋好友、愛人，甚至我飼養過的動物，全都在那兒，因為我們成了一個。我愛阿頓與白莎，但有了此經驗後，我不再眷戀他們，因我已徹底了解，我們不可能分開。我們的愛，會永恆地延伸至無窮無盡；活於實相的喜悅，著實超乎所有意想。在上主這涵容一切的奧妙中，無需思想，只需成為愛，活出真實的我。

嚐到這超越時空的經歷後，我好似又回到了身體，坐在椅子上。接著，我聽到了聖靈的聲音，飽滿而完整。我知道，那是我的聲音，是阿頓與白莎的聲音，是J兄和佛陀的聲音，是萬物合一之聲。我閉上雙眼，聆聽這訊息，毫不在意周遭的一切。我並不疲憊，只是不再是一具身體。出自我內的靈性之聲這樣說：

每一天，隨著你的寬恕，世間的所有錯誤如同霜雪消融於烈火之中。罪咎不復存，業力不復在，所有恐懼一逝不返。因你已找回了自己，重申你的純潔無罪，反璞歸真於上主之境。

不復有生，亦無老死；這一切不過是念頭而已。倘若你應再來人世，協助世人尋得歸鄉之路，那麼，何妨再來；因你不是一具身體，你是愛，此愛會以何種形式顯現，已不重要。只要活出愛，就不會有錯。

痛苦無處容身，真愛無所不在，以及唯真理猶存的一天，終將來臨。你一直默默渴望的，就是這一刻，只是你不曉得。如今，你更篤定地認清了自己的真相，你知道真愛也從未遺忘過任何一人。

世界充滿靈性的頌讚，不再吟唱哀傷之曲的一天終將來臨；哀歌再也湮沒不了真理之聲。人間已無需寬恕的日子終將來臨，你與弟兄姐妹同歡共慶的時刻已至。

再也無需光陰的一天終將來臨。你將回歸那完整的一體生命，活在你不朽實相的聖潔內，永永遠遠。

本書引文與《奇蹟課程》章句代碼對照索引

前　言

本書的註解均是直接或間接引自《奇蹟課程》的章句。《奇蹟課程》共分三部，〈正文〉、〈練習手冊〉與〈教師指南〉。本書還引用了《奇蹟課程》前面的〈序言〉、附於〈教師指南〉之後的〈詞彙解析〉，以及海倫・舒曼生前筆錄的〈心理治療〉與〈頌禱〉兩篇文章（以上均完整收錄於《奇蹟課程》中文版新譯本）。

本索引的章句代號如下：

T → 正文	PR → 序言
W → 學員練習手冊	intro → 導言
M → 教師指南	P → 心理治療—目的、過程與行業
C → 詞彙解析	S → 頌禱—祈禱、寬恕與療癒

對照索引

本索引之排序為：本書引文註解編號、《奇蹟課程》章句代碼

自　序

1. T-4.II.11:8~9

1 阿頓與白莎回來了！

2. T-7.II.4:3~4　3. M-21.1:9~10　4. C-intro.4:4~5
5. W-intro.1:3　6. W-5　7. C-intro.2:6
8. T-27.VIII.6:2　9. T-18.II.5:12~14　10. T-10.I.2:1
11. M-12.3:3　12. W-169.8:2　13. T-1.I.25:1

2 真實的力量

1. T-12.VII.9:1~2　2. W-68　3. T-8.III.4:2
4. W-68.1:2~3　5. W-158.4:5　6. W-135
7. T-21.VII.7:8　8. T-1.VI.2:1　9. T-3.IV.2:1~2
10. T-intro.1:8　11. M-19.4:2~4　12. T-2.II.1:11
13. T-24.VII.5:4　14. T-18.I.5:2　15.T-5.V.3:10~11
16. W-156.1:3　17. T-21.intro.1:1　18. T-21.intro.1:1~5
19. T-19.I.7:6~7　20. T-26.V.13:1　21. T-31.VIII.9:2
22. T-18.I.6:1~2　23. T-18.I.6:7~9;7:1　24. T-21.IV.3:3
25. T-31.VI.2:1

3 葛瑞的一生

1. T-4.VI.3:3　2. T-9.VII.3:7~8　3. T-7.VIII.5:1~2
4. T-31.VIII.1:2　5. W-31　6. T-intro.2:2

4 不見屍骨的謀殺案

5 夢中「英雄」

6 問題在這輩子，笨蛋！

1. T-4.I.4:7　2. T-20.III.4:1~4　3. T-9.VII.6:1~4
4. T-23.II.18:8~9　5. PR-vi.　6. W-16
7. T-17.I.5:4~7　8. T-7.II.2:1~3　9. T-7.II.5:6~7
10. T-19.IV.二.(1)10:1~3

7 白莎的〈多瑪斯福音〉

1. T-4.I.6:7　2. T-1.III.1:6　3. T-4.VI.6:3
4. C-intro.2:1~3　5. T-5.III.5:5~6

8 展望未來

1. T-4.I.7:8~9　2. W-135　3. W-intro.8:6
4. T-21.intro.1:5　5. T-23.III.6:1~7

9 阿頓是誰？

1. T-5.II.7:1~5　2. T-13.I.8:1~9　3. T-13.I.9:1~4
4. T-13.IV.6:9~10　5. T-3. IV.1:5~6　6.W-152.5:1~3

10 人間破舊的玩具

1. T-30.IV.8:1~7　2. T-29.IX.8:1~3　3. T-29.IX.4:4~6:3
4. T-7.III.1:7~9　5. M-20.5:5~10　6. W-191.4:2~6
7. T-2.VI.3:4~7　8. *The Gifts of God*

11 你不朽的實相

1. W-158.11:2　2. T-15.XI.5:1~7　3. T-17.III.1:5
4. T-17.II.7:1~2　5. T-18.III.8:6~7　6. T-13.II.9:3
7. W-PII.13.5:4

奇蹟資訊中心
出版系列：

《奇蹟課程》
（A Course in Miracles）——新譯本

《奇蹟課程》是二十一世紀的心靈學寶典，更是近年來各種心理工作坊或勵志學派的靈感泉源。中文版已在 1999 年由若水譯出，並由作者海倫・舒曼博士所委託的「心靈平安基金會」出版。

新譯本乃是根據「心靈平安基金會」2007年所出版的「全集」，也是原譯者若水在「教」「學」本課程十年之後再次出發的精心譯作。全書分為三冊：第一冊：〈正文〉；第二冊：〈學員練習手冊〉；第三冊：〈教師指南〉、〈詞彙解析〉以及〈補編〉的「心理治療」與「頌禱」二文。新譯本網羅了《奇蹟課程》所有的正式文獻，使奇蹟讀者從此再無滄海遺珠之憾。**（全書三冊長達 1385 頁）**

《奇蹟課程》
〈學員練習手冊〉新譯本隨身卡

《奇蹟課程》第二冊〈學員練習手冊〉共三百六十五課，一日一課地，在力求具體的操練中，轉變讀者看事情的眼光，解開鬱積的心結。

若水由十餘年的奇蹟課程教學譯審經驗出發，全面重譯這部曠世經典。新譯版一本經典原文的精確度，語意更為清晰，文句更加流暢。精煉再三的新譯文，吟誦之，琅琅上口，饒富深意，猶如親聆J兄溫柔明晰的論述，每天化解一個心結，同享奇蹟。

為方便現代人在忙碌生活中操練每日一課，經三修三校的重譯版，首度以隨身卡形式發行，以頂級銅西卡精印，紙版尺寸 8.5 × 12.6 公分，另有壓克力卡片座供選購。**（全套卡片共 250 張）**

奇蹟課程導讀與教學系列

《奇蹟課程》雖是一部自修性的課程，只因它的理論架構博大精深，讀者常易斷章取義而錯失精髓，故奇蹟資訊中心陸續推出若水的導讀系列、米勒導讀，以及一階理論基礎及二階自我療癒DVD、其他演講錄音或錄影教材，幫助讀者逐漸深入這部自成一家之言的思想體系。

若水導讀系列

(一)《創造奇蹟的課程》**（全書 272 頁）**
(二)《生命的另類對話》**（全書 272 頁）**
(三)《從佛陀到耶穌》**（全書 224 頁）**

若水在這三冊中，解說《奇蹟課程》的來龍去脈與理論架構，透過問答的形式，說明崇高的寬恕理念如何落實於生活中；最後透過《奇蹟課程》的理念，闡釋佛陀和耶穌這兩位東西方信仰系統的象徵，在實相裡並無境界之別，而只有人心的「小我分裂」與「大我一體」的天壤之隔。

米勒導讀

《奇蹟半生緣》

一位慧心獨具卻不得志的記者，三十多歲便受盡「慢性疲勞症候群」的折磨，群醫束手無策，他在走投無路之下，不禁自問：「究竟是誰把我這一生搞得這麼慘?」

《奇蹟課程》讓他看到，自己竟是一切問題的始作俑者。他對這一答覆百般抗拒，直到有位心理治療師對他說：「恭喜你！你若讀得下這本書，大概就不需要心理治療了！」

《奇蹟半生緣》全書穿插作者派屈克・米勒浮沉人生苦海的經歷，但他並不因此獨尊自身的經驗和詮釋，而以記者客觀實証的精神，遍訪散居全美各地的奇蹟講師與學員，甚至傾聽圈外人的質疑。本書可說是一部美國奇蹟團體的成長紀實。**（全書 319 頁）**

奇蹟課程有聲教學教材

奇蹟資訊中心歷年發行《奇蹟課程》譯者若水的演講錄音或錄影光碟，將《奇蹟課程》的抽象理念與現實生活銜接起來，幫助讀者了解《奇蹟課程》的精髓所在，是奇蹟學員不可或缺的有聲輔讀教材，由於教材內容每年不盡相同，欲知詳情，請上網查詢。
www.acimtaiwan.info 奇蹟課程中文網站
www.qikc.org 奇蹟課程中文部簡体網

肯恩實修系列

《奇蹟原則50》

許多讀者久仰《奇蹟課程》之盛名，興沖沖地讀完短短的導言後，就怔忡在一條一條有如天書的「奇蹟原則」之前。讀了後句忘前句，「奇蹟」的概念好似漂浮在字裡行間，始終無法在腦海中落腳，以至於閱讀了一兩頁之後便後繼無力，難以終篇，竟至棄書而逃。

「奇蹟原則」前後五十條，其實是整部課程的濃縮，若無明師指點，讀者通常都不得其門而入。於今多虧奇蹟泰斗肯尼斯旁徵博引，以深入淺出而又幽默的答問形式，將寬恕與奇蹟的精神落實於生活中，為初學者乃至資深學員提供了一個實修的指標。**（全書209頁）**

《終結對愛的抗拒》

追尋心靈成長的人，學到某個階段往往面臨一個瓶頸：儘管修習多年，一遇到某種挑戰，就不自覺地掉回原地，因而自責不已。問題到底出在哪裡？

佛洛依德在他的臨床經驗中，驚異地發現，病人的潛意識中有「拒絕療癒」的本能，肯尼斯根據《奇蹟課程》的觀點，犀利地剖析人們「拒絕療癒或轉變」的原因，又仁慈地為讀者指出穿越小我迷霧的關鍵，由停滯不前的窘境中突圍。對於追尋心靈成長和平安的人而言，本書不但有提點指授的功效，更有當頭棒喝的力道。**（全書109頁）**

《親子關係》

坊間論及親子問題的書籍可謂汗牛充棟，泰半繞在親子關係複雜且微妙的糾結情懷，唯獨肯尼斯・霍布尼克不受表象所惑，借用《奇蹟課程》的透視鏡，澈照出親子之間愛恨交織的真正關鍵。

本書表面上好似在答覆「如何教養子女」、「如何對待成年子女」以及「如何照顧年邁雙親」等具體問題，它其實是為每一個人點出我們在由「身為兒女」，到「照顧兒女」，繼而「照顧雙親」的艱苦過程，以及我們轉變知見時必然經歷的脫胎換骨之痛。**（全書238頁）**

《性・金錢・暴食症》

在紛紜萬象的世界裡，性、金錢與食物可說是人生問題的「重頭戲」，最易牽動小我的防衛機制，故也最具爭議性。作者肯恩沿用《奇蹟課程》中「形式與內涵」的層次觀念，針對性、金錢等等所引發的光怪陸離現象（形式），揭露它們背後一貫的目的（內涵）——小我企圖藉無止盡的生理需求，抹滅心靈的存在，加深孤立、匱乏、分裂等受害感，最後連吃飯、賺錢與性交都可能變成一種攻擊的武器。

肯恩與學員的趣味問答，反映出我們日常是如何受制於這些生理需求的；然而，我們也能藉聖靈之助，將現實挑戰化為人生教室，將小我怨天尤人的陰謀，轉為寬恕與結合的工具。**（全書196頁）**

《仁慈——療癒的力量》

這是一部針對奇蹟教師及資深奇蹟學員的實修指南。全書分上下兩篇，上篇列舉奇蹟學員常有的現象，例如以奇蹟之名攻擊他人，或以善意為由掩蓋自己批判的心態；下篇探討如何用仁慈的眼光來看待自己與他人的缺陷，教我們將自身的限制或缺陷轉為此生的「特殊任務」，在人間活出寬恕的見證，成為聖靈推恩的管道。**（全書251頁）**

《逃避真愛》

本書是針對道理全懂卻難以突破的資深學員而寫的，它一針見血地指出，綑綁我們修行腳步的，不是世界的黑暗，也非人間的牽絆，而是自己打造出來的一道心牆。

只因我們深怕真愛會消融了自己的特殊性，故把心靈最深的渴望隱藏到心牆之後，與之「解離」，在人間展開一場虛虛實實又自相矛盾的追尋。一邊痛恨小我的束縛，一邊又忙著為小我說項；以至於內心有一部分奮力向前，另一部分則寧可原地觀望。藉著裝傻、扭曲、辯駁，把回歸真愛的單純選擇渲染成複雜又艱深的學問。

《逃避真愛》溫柔地解除了人心無需有的恐懼，讓我們明白心牆的「不必要」，陪伴我們無咎無懼地跨越過去。**（全書156頁）**

《假如二二得五》

從古至今，多少人心懷救苦救難的大志，傾注一生之力貫徹自身理想，卻往往受現實所囿而終不能及。我們這些凡夫俗子，亦不乏拼搏自救之心，然而在現實面前，還是屢屢敗陣，活得憋屈而無奈。問題究竟出在哪裡？

對此，本書剴切提出：整個世界其實一直按照 2＋2＝4 的「鐵律」來運作，萬物循著固定的軌跡盈虧盛衰，一切可謂「命中註定」，無怪乎歷史上的種種救世之舉皆以失敗告終。然而，《奇蹟課程》識破世界的詭計，小我既然使出 2＋2＝4 的苦肉計，它便祭出 2＋2＝5 的救贖原則，破解小我編織的羅網，溫柔地引領我們走出世界的幻境。本書即是教導我們，如何在貌似 2＋2＝4 的世界活出 2＋2＝5 的生命氣象，而且更進一步，迎向天地間唯一真實的等式 1＋1＝1。**（全書171頁）**

《駱駝・獅子・小孩》

本書書名出自德國哲學家尼采的代表作《查拉圖斯特拉如是說》裡的「三段蛻變」——駱駝、獅子、小孩。這則寓言提綱挈領地勾勒出靈性的發展過程，尼采的幾項重要論點，包括強力意志、超人、永劫輪迴，也在肯恩博士精闢的詮釋之下，與奇蹟學員熟悉的抉擇心靈、資深上主之師、小我運作模式等觀念相映成趣。

肯恩博士為奇蹟學員引薦這位十九世紀天才的作品，企盼在大家為了化解分裂與特殊性而陷入苦戰之際，可以由這本書得到鼓舞和啟發。我們終將明白，唯有「一小步又一小步」的前進，從駱駝變成獅子，再進一步蛻變為小孩，不跳過任何一個階段，才能抵達最後的目標。**（全書177頁）**

肯恩《奇蹟課程釋義》系列

《奇蹟課程序言行旅》

如果說《奇蹟課程》是一首曠世交響曲，《序言》便奠定了整首樂曲的氣質與基調，不僅鋪敘出奇蹟交響樂的關鍵理念，還將讀者提昇到奇蹟形上思想的高度和意境，堪稱《正文行旅》最佳的暖身之作。

肯恩有如一流的樂評家，領著讀者，在宏觀處，領受樂章磅礡的主旋律，在微觀處，諦聽暗藏其中的千百種變奏，致其廣大，盡其精微，深入課程之堂奧，回歸心靈之家園。**（全書121頁）**

《正文行旅》（陸續出版中）

《奇蹟課程》在人類靈性進化史上的貢獻可謂史無前例，而《正文行旅》乃是《奇蹟課程釋義》三部曲的完結篇。肯恩由文學，詩體，音樂三重角度，依循各章節的主題，提供了「重點式」以及「全面性」的導覽，幫助學員深入奇蹟三昧，沉浸於智慧與慈悲之海。

這部行旅可說是肯恩一生教學的智慧結晶，奇蹟學員浸潤日久，必會如他所願：奇蹟，發自心靈，必將流向心靈。**（第一冊335頁，第二冊314頁，第三冊331頁）**

《學員練習手冊行旅》（陸續出版中）

整套《奇蹟課程釋義》的問世，可說是無心插柳。1998年起，肯恩應學生之請，為〈學員練習手冊〉做了一系列的講解，基金會將研習錄音增編彙整為逐句詮釋的〈練習手冊行旅〉。此案既定，〈正文行旅〉以及〈教師指南行旅〉應運而生，為奇蹟學員提供了最完整且精闢的修行指針，訂名為《奇蹟課程釋義》，幫助學員將〈正文〉理念架構所引伸出來的教誨，運用到現實生活中。這三部《行旅》，可說是所有踏上奇蹟旅程的學員最貼心的夥伴。

《學員練習手冊行旅》的宗旨，乃是幫助奇蹟學員了解三百六十五課的深意，以及它們在整部課程中的作用。更重要的是，幫助學員將每日一課運用於現實生活中，否則《奇蹟課程》那些震古鑠今之言可謂枉費唇舌，徒然淪為一套了無生命的學說。**（第一冊346頁，第二冊292頁，第三冊234頁，第四冊337頁，第五冊289頁，第六冊289頁）**

《教師指南行旅》
（共二冊，含《詞彙解析行旅》）

〈教師指南〉是《奇蹟課程》三部書的最後一部，它以「如何才是上主之師」為主軸，提綱挈領地梳理出〈正文〉的核心觀念，全書以提問的形式鋪敘而成，為其他兩部書作了最實用的補充。

肯恩在逐句解說〈教師指南〉時，環繞著兩個主題：「個別利益」對照「共同福祉」，以及「向聖靈求助」。因為若不懂得向聖靈求助，我們根本學不會「共享福祉」這門功課。當然，全書也穿插不少副題，如「形式與內涵」、「放下判斷」等等，就像貝多芬的偉大樂章那樣，不時編入數小節旋律，讓主題曲與變奏曲銜接得更加天衣無縫。肯恩說：「我希望藉由本書讓學員看出，耶穌是如何高明地把他的基本訊息串連為一個整體，一如交響樂以主旋律與變奏曲那般交叉呈現、迴旋反覆地將我們領上心靈的旅程。」**（第一冊337頁，第二冊310頁）**

其他出版品

《寬恕十二招》

《寬恕十二招》的作者保羅．費里尼，有鑒於人們的想法與情緒反應模式，早已定型僵化，成了一種「癮」，不是一朝一夕可以化解得掉的。因此，他將《奇蹟課程》的寬恕理念，分解為十二步驟，一步一步地引導我們超越自卑、自責以及過去的創痛，透過自我寬恕而領受天地的大愛。這是所有準備好負起自我治癒之責的人必讀的靈修教材，也是曠世靈修經典《奇蹟課程》的輔讀書籍。**（全書 110 頁）**

《無條件的愛》

作者保羅．費里尼繼《寬恕十二招》之後，另以老莊的散文筆法，細細描述我們每一個人心中都擁有的「無條件的愛」。他由大我的心境出發，以第一人稱的對話方式，直接與讀者進行心與心的交流，喚醒我們心中沉睡已久的愛，開啟那已被遺忘的智慧。此書充滿了「醒人」的能量，是陪伴你走過人生挑戰的最好伙伴。**（全書 215 頁）**

《告別娑婆》

宇宙從哪兒來的？目的何在？我究竟是什麼？為什麼會在這裡？我要往哪裡去？我該怎麼活在這個世界裡？當你讀完本書，會有一種「千年暗室，一燈即亮」的領悟。

全書以睿智而風趣的對話談當今世局、原子彈爆炸，一直說到真愛、疾病、電視新聞、性問題與股價指數等等，讓我們對複雜詭異的人生百態，頓時生出「原來如此」的會心一笑。它說的雖全是真理，讀起來卻像讀小說一樣精彩有趣，難怪一問世便成了西方出版界的新寵。**（全書 527 頁）**

《一念之轉》

作者拜倫．凱蒂曾受十餘年的憂鬱症所苦，一天早上，她突然覺悟了痛苦是如何形成又如何結束的。由此經驗中，她發明了四句問話的「轉念作業」(The Work)，引導你由作繭自縛中徹底脫身，是一本足以扭轉你人生的好書。**（全書 448 頁，附贈轉念作業個案 VCD）**

《斷輪迴》　阿頓與白莎回來了！

繼《告別娑婆》走紅之後，葛瑞的生活形態發生重大的轉變，也面臨了更多的挑戰。葛瑞仍是口無遮攔地談八卦、論是非、臧否名流，阿頓和白莎兩位上師在笑談棒喝中，繼續指點葛瑞如何在現實挑戰下發揮真寬恕的化解 (undo) 功能，徹底瓦解我執，切斷輪迴之根。**（全書 304 頁）**

《人生畢業禮》

本書是保羅與 Raj 在 1991 年的對話記錄。對話日期雖有先後，內涵卻處處玄機，不論由哪一篇起讀，都會將你導入人類意識覺醒的洪流。

Raj 借用保羅的處境，提醒所有在人間孤軍奮鬥的人，唯有放下自己打造的防衛措施，才可能在自己的心靈內找到那位愛的導師。也唯有從這個核心出發，我們才會與所有弟兄相通，悟出我們其實是一個生命。**（全書 288 頁）**

《療癒之鄉》

《療癒之鄉》中文版由美國「獅子心基金會」委託台灣「奇蹟資訊中心」出版。

作者羅賓．葛薩姜把《奇蹟課程》深奧又慈悲的教誨化為一套具體的情緒啟蒙和心靈復健課程，協助犯罪和毒癮的獄友破除心理障礙，學習處理人與人之間的衝突，調整情緒，建立自信，切斷「憤怒→攻擊→憤怒」的惡性循環。《療癒之鄉》陪伴無數受刑人度過獄中歲月。

《療癒之鄉》也是為所有困在自己心牢裡的讀者而寫的。世間幾乎沒有一人不曾經歷童年的創傷、外境的壓迫，以及為了生存而形成種種不健康的自衛模式。獄友的心路歷程給予我們極大的啟發，鼓舞我們步上心靈療癒之路。**（全書 440 頁）**

《我要活下去》

這本書不只是一本鼓舞信心的療癒指南，還是一個女人把自己從鬼門關前拉回來的真實故事。

作者朱蒂．艾倫博士（Judy Edwards Allen, Ph.D.）原本是成功的專業顧問、大學教授、大學教科書作者，四十歲那年獲知罹患乳癌的「噩耗」，反而成為她生命的轉捩點，以清晰、熱情的文筆，記錄了她奮力將原始的求生意念成功地轉化為「康復五部曲」的歷程。讀者會看到她如何軟硬兼施地與醫生打交道，如何背水一戰克服無助感，又如何透過寬恕，喚醒內心沉睡已久的愛與生命力。最後，她終於超越自己對生死的執著，在這一場疾病與療癒的拔河大賽中，獲得了靈性的凱旋。**（全書 280 頁）**

《時間大幻劇》

人們對於時間，存在著種種截然不同的看法，比如：時間是良藥，可以癒合一切創傷；善惡終有報，只等時候到；時間是無情的殺手，終將剝奪我們的一切……。人類早已視時間的存在為天經地義，戰戰兢兢地活在過去的懊悔、現在的焦慮和對未來的恐懼中。我們好似活在一座無形的牢籠裡，苟延殘喘，等待大限的到來。

《奇蹟課程》的泰斗肯恩博士曾說：「不了解時間，不可能讀懂《奇蹟課程》的。」他引經據典，將散落全書有關時間的解說，梳理出一個完整的思想座標，猶如點睛之龍，又如劃破文字叢林的一道靈光，讓我們一窺《奇蹟課程》的究竟堂奧（究竟義）。此書可說是肯恩留給奇蹟資深學員最珍貴的禮物。**（全書413頁）**

《奇蹟課程誕生》

《奇蹟課程》的來歷究竟有何玄虛？為什麼它選擇經由海倫．舒曼博士來到人間？它的記錄方式及成書過程，與它傳給人類的訊息有何內在關係？有幸親炙此書的我們，又該如何延續奇蹟精神的傳承？

不論你只是好奇《奇蹟課程》的精采傳奇，還是有心以「史」為鑒，窮究奇蹟的傳承精神，本書都提供了最可靠的第一手資料。作者因與茱麗、海倫與比爾等人交往密切，故受這些開山元老之託，冷靜而客觀地梳理《奇蹟課程》的記錄及成書經過，佐以三位奇蹟元老的親筆自白，融鑄成一部信實可徵的《奇蹟課程》誕生史，帶領讀者重新走過五十年前那段精采神奇的心靈歷程。**（全書195頁）**

《飛越死亡的夢境》

本書榮獲美國出版界著名的「活在當下書籍獎」（Living Now Book Awards），全書以嶄新的視角詮釋曠世靈修經典《奇蹟課程》的教誨，為讀者剴切指出「起死回生」的著力點。

作者特別選取在人間每個角落不時作祟的「死亡陰影」入手，揭露小我抵制永恆生命的伎倆。作者以親身的經歷為奇蹟作證，並且提供了極其實用的反省練習，解除我們潛意識中對死亡的恐懼，為百害不侵的生命本質開啟了一扇門，真愛與喜悅得以流過人間，讓奇蹟成為日常生活裡「最自然的事」。**（全書524頁）**

國家圖書館出版品預行編目資料

斷輪迴／葛瑞．雷納（Gary R. Renard）作；
林慧如譯 -- 初版 -- 臺北市：奇蹟資訊中心，奇蹟課程，民 97.05
面；15×21公分
含索引
譯自：Your Immortal Reality: How to Break the Cycle of Birth and Death
ISBN 978-986-81540-2-5（平裝）

1. 心靈學 2. 寬恕

175.9 97003759

斷輪迴

Your Immortal Reality

How to Break the Cycle of Birth and Death

作　　者：葛瑞．雷納（Gary R. Renard）
譯　　者：林慧如
審　　訂：若　水
責任編輯：施宏揚
校　　對：黃真真　林妍蓁
封面設計：不倒翁視覺創意工作室
美術編輯：浩瀚電腦排版股份有限公司
出　　版：奇蹟課程有限公司．奇蹟資訊中心
　　　　　桃園市光興里縣府路 76-1 號
聯絡電話：(04) 2536-4991
劃撥訂購：帳號 19362531　戶名　劉巧玲
網　　址：www.acimtaiwan.info
電子信箱：acimtaiwan@gmail.com

印　　刷：世和印製企業(02)2223-3866
經銷代理：聯合發行公司
　　　　　電話：(02) 2917-8022#162
　　　　　　　　(03)212-8000#335

定　價：新台幣 300 元
2008 年 5 月初版
2023 年 10 月六版五刷

本版之《奇蹟課程》引文已改用新譯本

ISBN　978-986-81540-2-5